RELATION

D'UN VOYAGE

DANS LA MER DU NORD,

Aux Côtes d'Islande, du Groenland, de Ferro,
de Schettland, des Orcades & de Norwége;
Fait en 1767 & 1768.

Par M. DE KERGUELEN TRÉMAREC,

Lieutenant des Vaisseaux du Roi, de l'Académie Royale de Marine,
Commandant les Frégates la Folle & l'Hirondelle.

Ouvrage enrichi de Planches.

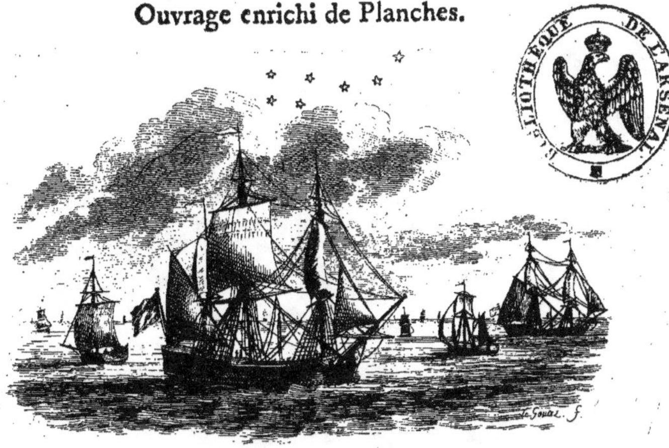

A PARIS,
DE L'IMPRIMERIE DE PRAULT.

M. DCC. LXXI.
Avec Approbation & Privilége du Roi.

A MONSEIGNEUR
LE DAUPHIN.

MONSEIGNEUR,

LE CORPS *de la Marine du Roi, n'ignore
pas que la Tactique navale entre dans l'ordre
de vos études les plus sérieuses & les plus ché-
ries, & que vos connoissances dans cette partie*

étonneroient nos Officiers les plus inſtruits &
les plus expérimentés. Quelle gloire pour nous,
MONSEIGNEUR, que vous daigniez
vous occuper de notre art & de nos manœuvres!
Quelle noble & vive émulation votre auguſte
exemple ne va-t'il pas exciter dans nos Ports!
Quels efforts inouis n'allons-nous pas faire pour
nous rendre dignes de vous admirer! L'Ouvrage
que vous m'avez permis, MONSEIGNEUR,
de publier ſous vos auſpices, n'eſt qu'un foible
eſſai du zéle qui m'anime pour le ſervice du Roi.
Ce zéle redouble aujourd'hui, & par l'honneur
que je reçois de vous préſenter ce premier fruit de
mon travail, & par la certitude de l'offrir à un
PRINCE dont les lumieres ſupérieures l'apprécie-
ront ſans doute à ſa juſte valeur, mais en même
tems dont l'indulgente bonté excuſera les défauts
que ſon œil pénétrant pourroit y découvrir.

Je ſuis, avec le plus profond reſpect,

MONSEIGNEUR,

Votre très-humble & très-
obéiſſant ſerviteur,
KERGUELEN.

AVERTISSEMENT.

L'IMPERFECTION des cartes de la mer du nord, les erreurs que j'ai reconnues dans la situation des ports & des rades où j'ai relaché, les difficultés que j'ai trouvées dans une navigation où il faut lutter contre des courans, essuyer de fréquentes tempêtes, manœuvrer au milieu des glaces, où les variations de la boussole, différentes, pour ainsi dire, à chaque pas, jettent dans des incertitudes continuelles sur l'estime des routes, en un mot tous les obstacles qu'il m'a fallu vaincre, me font espérer que ce journal, qu'on m'a ordonné de publier, sera de quelque utilité.

Quoique j'entre dans plusieurs détails intéressans, sur le climat, l'histoire naturelle, le gouvernement, les mœurs & les coutumes des peuples du Nord, cet ouvrage cependant eſt moins fait pour ceux dont les jours coulent tranquillement à terre dans le ſein de la mo-leſſe, que pour ceux qui par état & par honneur paſſent d'un hemiſphere à l'autre, & bravent mille périls, ou pour enrichir ou pour ſervir leur patrie. Cette relation n'eſt donc en général qu'un recueil des obſervations que j'ai faites ſur les erreurs des cartes, ſur la ſituation des ports, ſur le giſſement des côtes que j'ai parcourues, ſur les précautions qu'il faut prendre pour les aborder, ſur les mouillages, ſur les attentions qu'ils exigent, ſur la poſition des écueils, ſur les marées, ſur la direction des courans, ſur la déclinaiſon de l'éguille aimantée, enfin ſur tout ce qui peut intéreſſer les navigateurs.

Il n'eſt pas inutile de prévenir le lecteur que les noms iſlandois, danois, anglois &

norwégiens, sont écrits dans ce journal suivant l'ortographe du pays. Les noms des vents
s'y trouvent souvent en abrégé, suivant l'usage,
avec la premiere lettre des quatre cardinaux,
Nord, Sud, Est & Ouest, N. S. E. O. ainsi
Nord-Ouest, N. O. Sud-Est, S. E. Presque
tous les plans des ports & des rades sont sur
la même échelle, afin qu'on en connoisse facilement le rapport.

Le nord de la boussole, que j'ai tracé sur
mes plans, n'est point corrigé; cela m'a paru
plus commode pour la pratique. J'ai cependant eu soin d'indiquer dans le cours de l'ouvrage la déclinaison de l'éguille aimantée,
dans les différens parages dont je fais mention.

Je ne dois pas oublier d'avertir que tous
les relevemens de terres & de mouillages sont

au compas; que la latitude eſt toujours nord,
la variation nord-oueſt, & que je me ſers du
méridien de Paris.

NOTA. On trouvera à la fin de cet Ouvrage, une explication des termes de Marine qui y ſont employés.

Le prix eſt de 9 livres broché.

EXTRAIT des Regiſtres de l'Académie Royale
de Marine.

Du 14 Février 1771.

MEſſieurs DE BORY ET POISSONNIER qui avoient été
nommés par l'Académie Royale de Marine pour examiner la
Relation de deux Voyages dans la Mer du Nord, aux côtes
d'Iſlande, du Groenland, de Ferro, de Schetland, des Orcades & de Norvége, faits l'un en 1767 & l'autre en 1768
par M. KERGUELEN DE TRÉMAREC, Lieutenant des
Vaiſſeaux du Roi, Commandant les Frégates la Folle &
l'Hirondelle, en ayant fait leur rapport, l'Académie a jugé
que la publication de cet Ouvrage ſeroit d'autant plus utile
aux Navigateurs, qu'on a peu de détails ſur la navigation de
cette mer. Le 14 Février 1771.

Le Chevalier de GOIMPY, Secrétaire de
l'Académie Royale de Marine.

APPROBATION.

APPROBATION.

J'AI lu par ordre de Monseigneur le Chancelier un Manuscrit qui a pour titre, *Relation d'un Voyage dans la Mer du Nord,* &c. par M. Kerguelen, Lieutenant des Vaisseaux du Roi, & je n'ai rien trouvé qui puisse en empêcher l'Impression. A Paris, ce 12 Septembre 1770.

POISSONNIER.

PRIVILEGE DU ROI.

LOUIS, par la grace de Dieu, Roi de France & de Navarre: à nos amés & féaux Conseillers les gens tenans nos Cours de Parlement, Maîtres des Requêtes ordinaires de notre Hôtel, Grand-Conseil, Prévôt de Paris, Baillifs, Sénéchaux, leurs Lieutenans civils, & autres nos Justiciers qu'il appartiendra: SALUT. Notre amé le sieur PRAULT pere, Libraire-Imprimeur, nous a fait exposer qu'il desireroit faire imprimer & donner au Public la *Relation d'un voyage dans la mer du Nord, aux côtes d'Islande, de Groënland, de Ferro, de Schettland, des Orcades & de Norvege*, par M. de Kerguelen Tremarec, Lieutenant des vaisseaux du Roi, s'il Nous plaisoit lui accorder nos Lettres de Privilege pour ce nécessaire. A ces causes voulant favorablement traiter l'Exposant, nous lui avons permis & permettons par ces présentes de faire imprimer ledit Ouvrage autant de fois que bon lui semblera, & de le vendre, faire vendre & débiter par tout notre Royaume, pendant le tems de six années consécutives, à compter du jour de la date des Présentes. Faisons défenses à tous Imprimeurs, Libraires & autres personnes, de quelque qualité & condition qu'elles soient, d'en introduire d'impression étrangere dans aucun lieu de notre obéissance. Comme aussi d'imprimer, ou faire imprimer, vendre, faire vendre, débiter ni contrefaire ledit Ouvrage, ni d'en faire aucuns extraits, sous quelque prétexte que ce puisse être, sans la permission expresse & par écrit dudit Exposant, ou de ceux qui auront droit de lui, à peine de confiscation des Exemplaires contrefaits, de trois mille li-

vres d'amende contre chacun des contrevenans ; dont un tiers à
Nous, un tiers à l'Hôtel-Dieu de Paris , & l'autre tiers audit
Expofant , ou à celui qui aura droit de lui , & de tous dépens,
dommages & intérêts ; à la charge que ces Préfentes feront
enregiftrées tout-au-long fur le Regiftre de la Communauté
des Imprimeurs & Libraires de Paris, dans trois mois de la
date d'icelles ; que l'impreffion dudit Ouvrage fera faite dans
notre Royaume & non ailleurs , en beau papier & beaux ca-
raffères , conformément aux réglemens de la Librairie , &
notamment à celui du dix Avril mil fept cens vingt-cinq , à
peine de déchéance du préfent Privilege ; qu'avant de l'ex-
pofer en vente, le manufcrit qui aura fervi de copie à l'impreffion dudit Ouvrage , fera remis dans le même état où
l'Approbation y aura été donnée ès mains de notre très-cher
& féal Chevalier , Chancelier, Garde des Sceaux de France ;
le fieur de Maupeau ; qu'il en fera enfuite remis deux Exemplaires dans notre Bibliotheque publique , un dans celle de
notre Château du Louvre , & un dans celle dudit fieur de
Maupeou , le tout à peine de nullité des Préfentes : du contenu
defquelles vous mandons & enjoignons de faire jouir ledit
Expofant & fes ayans caufe , pleinement & paifiblement , fans
fouffrir qu'il leur foit fait aucun trouble ou empêchement.
Voulons que la copie des Préfentes , qui fera imprimé tout-au-
long , au commencement ou à la fin dudit Ouvrage , foit tenue pour duement fignifiée , & qu'aux copies collationnées
par l'un de nos amés & féaux Confeillers-Secrétaires , foi foit
ajoutée comme à l'original. Commandons au premier notre
Huiffier ou Sergent fur ce requis , de faire pour l'exécution
d'icelles, tous aftes requis & néceffaires, fans demander autre
permiffion , & nonobftant clameur de Haro , Charte Nor-
mande , & Lettres à ce contraire : car tel eft notre plaifir.
Donné à Paris le treizieme jour du mois de Février l'an de
grace mil fept cens foixante-onze , & de notre Regne le cin-
quante-fixieme. Par le Roi en fon Confeil ,

LE BEGUE.

*Regiftré fur le Regiftre XVIII. de la Chambre Royale & Syn-
dicale des Libraires & Imprimeurs de Paris , n°. 1330 , fol. 437 ,
conformément au réglement de 1723. A Paris , ce 19 Février 1771.*

J. HÉRISSANT, Syndic.

AVIS au Relieur pour placer les Cartes géographiques & les Estampes.

CARTES GÉOGRAPHIQUES.

ESTAMPES.

Nota. Le Relieur prendra garde de rogner le moins qu'il pourra, crainte d'atteindre les Cartes.

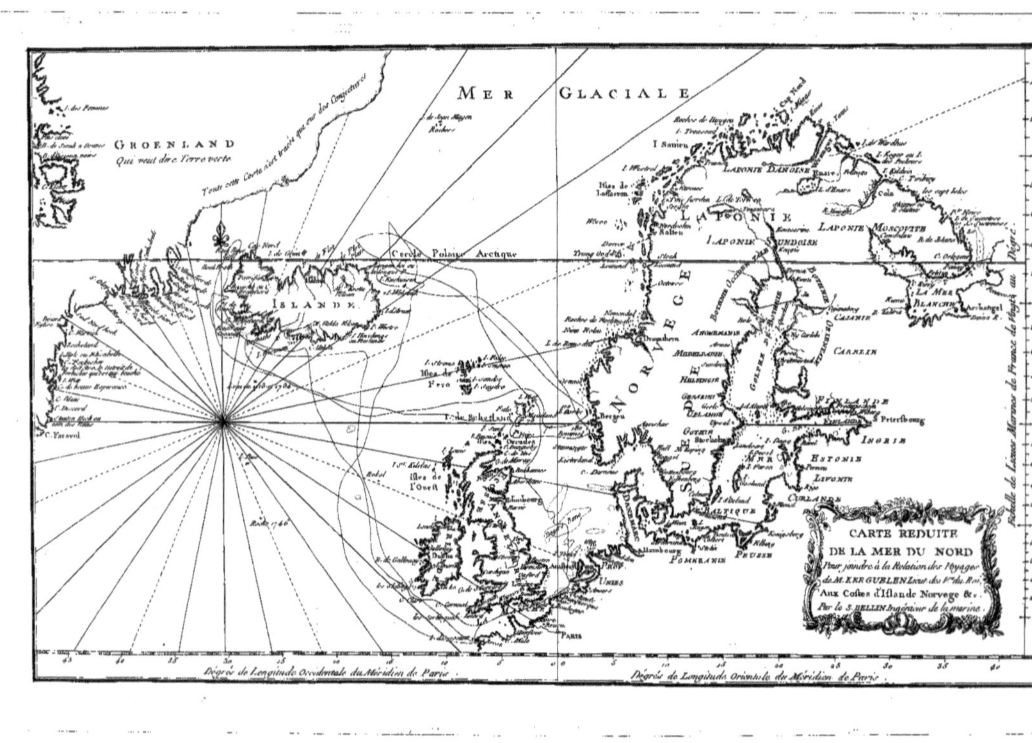

MER GLACIALE
GROENLAND
Qui veut dire Terre verte
Toute cette Carte n'est tracée que sur des Conjectures
ISLANDE
Cercle Polaire Arctique
Isles de Feroe
NORVEGE
SUEDE
LAPONIE DANOISE
LAPONIE
LAPONIE SUEDOISE
MOSCOVITE
LA MER BLANCHE
FINLANDE
CARELIE
INGRIE
ESTONIE
LIVONIE
CURLANDE
Petersbourg
Bergen
BALTIQUE
POMERANIE
PRUSSE
Hambourg
Archangel
Cap Nord
Isles de l'Oueft
CARTE REDUITE
DE LA MER DU NORD
Pour joindre à la Relation des Voyages
de M. KERGUELEN Lieut. des V.ux du Roi
Aux Coftes d'Islande Norvege &c.
Par le S. BELLIN Ingénieur de la marine
Dégrés de Longitude Occidentale du Méridien de Paris
Dégrés de Longitude Orientale du Méridien de Paris

RELATION

D'UN VOYAGE

DANS LA MER DU NORD,

Aux Côtes d'Islande, du Groenland, de Ferro, de Schettland,
des Orcades & de Norwège.

INTRODUCTION.

LE ROI voulant encourager & protéger la pêche
de la morue qui se fait sur les côtes d'Islande depuis
le mois d'avril jusqu'au mois de septembre, M. le
duc de Praslin, ministre & sécrétaire d'Etat au département de la marine, destina la frégate la Folle

Objet de la
mission.

A

pour aller en ftation en Iflande, afin de maintenir le bon ordre parmi les pêcheurs François, de les protéger, & de leur fournir les fecours dont ils pourroient avoir befoin. Je reçus à Breft, vers la fin de janvier 1767, un ordre de M. le duc de Praflin de me rendre à la cour, pour affaire concernant le fervice du roi. Je partis à l'inftant même, j'arrivai à Verfailles, & je me préfentai au miniftre, qui me dit qu'il m'avoit choifi pour commander la frégate la Folle, de 26 canons de huit, qui feroit armée de 200 hommes d'équipage, pour aller remplir la miffion dont je viens de parler. Quoique cette campagne m'annonçât beaucoup de peines & de fatigues, fa nouveauté & le goût que j'ai toujours eu dès ma plus tendre enfance pour les voyages, me cauferent une fatisfaction qu'il ne m'eft pas poffible d'exprimer. M. Rodier, premier commis de la marine, me fit communiquer différens mémoires & différentes ordonnances, concernant la pêche en queftion. J'eus l'honneur de voir pour le même objet M. le préfident Ogier, qui, dans fon ambaffade en Dannemarck, avoit été à portée de connoître cette branche de commerce, & qui avoit terminé à notre avantage des difficultés élevées à cette occafion. M. le préfident Ogier eut la bonté de me donner tous les éclairciffemens que je pouvois fouhaiter: il me dit que le roi de Dannemarck avoit accordé à une compagnie, formée à Copenhague, le privilége

exclufif du commerce d'Iflande ; que tout bâtiment
étranger, que tout bâtiment même Danois, autre
que ceux de cette compagnie, étoit dans le cas de
confifcation s'il étoit pris fur les côtes d'Iflande ;
que la compagnie entretenoit des gardes-côtes, pour
foutenir fes droits & s'emparer des navires interlo-
pes ; que ces gardes-côtes s'étoient rendus maîtres,
il y a trois ans, de deux bâtimens de Dunkerque
qui avoient été vendus à Copenhague ; que ces deux
bâtimens étoient des pêcheurs de morue fur la côte
d'Iflande, qui avoient été furpris dans un port par les
gardes-côtes, lefquels leur avoient trouvé de la laine
& autres marchandifes de contrebande ; mais qu'é-
tant alors ambaffadeur il les avoit réclamés, &
qu'ils avoient été rendus avec dommages & intérêts.
M. le duc de Praflin m'ordonna d'aller à Dunkerque, pour conférer avec MM. de la chambre du
Commerce fur les moyens de ranimer la pêche, &
d'en affurer le fuccès par la bonne règle & la difci-
pline qu'il falloit établir parmi les pêcheurs. Après
avoir pris à Dunkerque toutes les mefures néceffaires, & avoir fait choix de deux marins pratiques des côtes d'Iflande, je revins à Verfailles recevoir les derniers ordres de M. le duc de Praflin, &
je me rendis enfuite à Breft, pour faire armer ma
frégate ; elle fut mife dans le baffin le premier d'avril,
pour être carennée ; elle en fortit le 3. ; & le 4 je
commençai mon armement, dont je divifai le détail

A ij

entre mes officiers , pour accélérer la befogne. M. Duchaftel , lieutenant de vaiffeau , qui étoit mon fecond , fut chargé de l'arrimage & du détail général , avec M. de la Martellière , enfeigne de vaiffeau. M. le chevalier Ferron , lieutenant de vaiffeau , eut le détail des vivres , avec MM. Pehan & le Rouge , enfeignes de vaiffeau. MM. Lerondel & le chevalier Mengeau , enfeignes de vaiffeau , eurent le foin de l'artillerie & des munitions de guerre , & MM. Dorvault & Mengeau l'aîné , firent travailler aux gréemens & aux apparaux. Ma frégate , par les foins de ces officiers , dont les talens font au-deffus de l'éloge , fut armée en quatre jours , avec des vivres pour fix mois. Elle fut conduite en rade le 11 avril , où je mouillai par dix braffes d'eau , fond de fable & vafe , & j'affourchai eft-fud-eft & oueft - nord - oueft , avec une groffe ancre. Etant amarré , je relevai la pointe du Porzic au oueft-quart-fud-oueft , cinq degrés fud , & l'ifle-ronde au fud , quart-fud-eft , quatre degrés eft. Ce mouillage eft le meilleur de la rade ; il fe nomme la Foffe , parce que le fond remonte à l'entour ; mais , comme il eft un peu éloigné du port , il eft plus fouvent oc-cupé par les gros vaiffeaux.

Il ne m'arriva rien d'intéreffant en rade , jufqu'au 21 que j'effuiai un coup de vent violent de la partie du fud & du fud-oueft. Le temps que je paffai en rade fut employé à exercer l'équipage à la manœuvre

& au canon. M. Duchatel fit les rôles de quart &
de combat; celui de combat fut fait d'une façon qui
devroit être généralement fuivie : c'eft de diftribuer,
par exemple, le quart de ftribord fur tous les canons
impairs, comme 1, 3, 5, 7, & le quart de bas-bord
fur les pièces pairs, comme 2, 4, 6, 8.

Par ce moyen on ne peut jamais être furpris; car
le quart qui eft de fervice fur le pont, peut, jour &
nuit, armer & fervir la moitié des canons. On peut
encore fe préparer tout d'un coup & fe battre des
deux bords, en criant ftribord à ftribord & bas-bord
à bas-bord. Enfin, le quart qui veille peut faire l'exer-
cice du canon, fans éveiller qui que ce foit du quart
qui repofe.

PREMIERE PARTIE.

Contenant la traverſée de Breſt en Iſlande.

JE reçus mes inſtructions de la cour le 26 avril 1767, & le lendemain 27 je partis de la rade de Breſt à neuf heures du matin, avec un commencement de flot, & par un vent de nord-eſt foible, mais qui fraîchit à meſure que je m'éloignai de terre; à cinq heures du ſoir nous relevâmes l'iſle d'Oueſſant à l'eſt quart nord-eſt; diſtance de cinq lieues & demie. Je fis gouverner toute la nuit au oueſt-nord-oueſt, pour gagner le large, & voyant au jour que les vents ſe fixoient dans la partie de l'eſt, je fis mettre le cap au nord quart nord-oueſt, pour aller prendre connoiſſance du cap Clark. Le 28, à midi, j'étois, par la latitude obſervée, de 48 degrés 46 minutes, & par 10 degrés 3 minutes de différence occidentale du méridien de Paris. J'obſervai au coucher du Soleil 20 degrés de variation nord-oueſt. Le 29 à huit heures & demie du matin, après avoir fait 45 lieues eſtimées depuis la veille, je découvris le cap Clark. A dix heures étant à ſept lieues, dans le ſud quart ſud-oueſt du cap Miſſene, je fis ſonder & je trouvai ſoixante-cinq braſſes d'eau, fond de ſable vazard, mêlé de cailloux. Je fis enſuite ſervir & gouverner

Atterage au cap Clark.

au nord-oueſt-quart-d'oueſt. J'étois le 29 à midi, par la latitude obſervée, de 51 dégrés 5 minutes, & par 12 dégrés 24 minutes de longitude occidentale. Le ſieur Boutanquoy, mon premier pilote, obſerva le matin 21 dégrés de variation. Je remarquai qu'il vaut mieux atterrer ſur le cap Miſſene que ſur le cap Clark, parce que le premier eſt plus haut & plus facile à reconnoître. Je pris connoiſſance des iſles Schyllings, que je trouvai mal jettées ſur la carte réduite de M. Bellin, ingénieur de la marine, gravée en 1751. Ces iſles courent plus à oueſt & oueſt-quart-ſud-oueſt, qu'elles ne ſont portées ſur la carte en queſtion.

En faiſant route depuis le cap Clark, juſqu'aux iſles Schyllings, j'ai remarqué que les courans por- *Eſtime des courans.* toient ſenſiblement dans la partie du nord-eſt. Après avoir doublé ces iſles, je mis le cap au nord-quart-nord-oueſt. Le 30, j'obſervai à midi 52 dégrés 44 minutes de hauteur polaire, & j'étois, à mon eſtime, par 14 dégrés 54 minutes de différence occidentale du méridien de Paris. A midi je fis gouverner au nord-nord-eſt, les vents de la partie du ſud-eſt, foibles, & la mer belle.

Le premier mai, j'eſtimois être à midi, par la latitude, de 53 dégrés 18 minutes, & j'obſervai 53 dégrés 30 minutes, ce qui me donnoit 12 minutes de différence en 24 heures ; cette erreur ne pouvoit provenir de la ligne de loch, dont j'avois fait faire les nœuds de 47 pieds 6 pouces; ce qui doit être, car la lieue marine étant réduite à 2850 toifes, par les opérations de Meſſieurs de l'académie des ſciences, qui, en 1672, ont trouvé qu'un dégré dans le ciel valoit 57000 toifes ſur la terre. (a) Si l'on prend le tiers de 2850 toifes, on aura 950 toifes du châtelet de Paris, ou 5700 pieds de roi, & ſi on les diviſe par 120, on aura 47 pieds $\frac{1}{2}$ pour chaque nœud ou intervalle qui ſépare les nœuds de la ligne de loch. L'erreur ne provenoit pas non plus des demie minuttes, que je vérifiai en les comparant entr'elles & au mouvement de l'aiguille à ſecondes de ma montre. On ne ſçauroit vérifier trop ſouvent ces petits ſabliers qui ſervent à meſurer le chemin par le développement de la ligne de loch, pendant leur durée qui eſt d'une demie minute; car la viciſſitude de la ſéchereſſe & de l'humidité, peut cauſer de grandes erreurs. Une ſeule ſeconde de différence dans la demié-minute, donne plus de 30 lieues de différence ſur 1000 lieues de chemin. Il eſt inutile d'entrer dans de plus grands détails ſur cette matiere ſi ſouvent traitée, & particulierement par M. Dechabert, aujourd'hui capitaine

(a) Eratoſthène qui vivoit 250 ans avant Jeſus-Chriſt, avoit cherché le rapport des dégrés du ciel aux lieues de la terre, mais ſes opérations ne nous ont laiſſé que des incertitudes.

Nota. Les 57000 toifes nous donnent 2850 toifes pour la lieue marine, parce qu'en France on veut que le dégré contienne 20 lieues.

de

de fregate, qui, dans fon Voyage de l'Amérique feptentrionale, fait connoître toutes les caufes des erreurs de navigation (*a*). Il fuffit de dire que les 12 minutes de différence en latitude ne venoient point de
la ligne de loch ni des fabliers, mais des courans que
j'eftime porter au nord-eft dans cette partie, à caufe
de la baye de Gallowai, du giffement des terres qui
courrent nord & fud, & des vents de fud-oueft qui
foufflent prefque toujours dans ces parages, & qui
doivent néceffairement déterminer les courans à porter au nord-eft.

Je trouvai encore le lendemain une différence nord
de la hauteur à mon eftime, & j'apperçus des lits de
marée & de goefmon qui étoient dans la direction fud-
oueft & nord-eft, ce qui me confirma dans mon opinion. J'obfervai le même jour, au coucher du foleil,
22 degrés 50 minutes de variation; & quelque tems
avant fon coucher nous eumes le fpectacle le plus
agréable. Les rayons du foleil rompus & réflechis par
d'épais nuages à l'horifon, repréfentoient, à deux lieues
apparentes de nous, un fleuve rapide qui fembloit fe
précipiter en cafcades à gros bouillons d'or, d'azur
& d'argent.

Le 3, le 4 & le 5 nous n'eumes aucun événement
intéreffant; les vents varierent, & je courus les bor-

Phénoméne.

(*a*) M. de Goympy, Capitaine de Fregate, a auffi donné des Remarques
très-intéreffantes fur le Pilotage.

B

dées les plus avantageuſes : j'avois eû juſqu'au 3 les vents de la partie du ſud-eſt.

Le 6 , après avoir couru tout le jour au nord-quard-nord eſt , les vents à l'eſt gros frais , la mer mâle ſous les quatre voiles majeures , les ris pris dans les huniers , je mis à huit heures du ſoir à la cape , & je ne fis route qu'au jour , parceque je m'eſtimois à 5 lieues dans le ſud-ſud-eſt d'un banc de ſable marqué ſur les cartes Hollandoiſes. Le 7 j'obſervai à midi 56 degrés 41 minutes de latitude , & j'étois par 16 degrés 15 minutes de longitude occidentale.

Coup de vent.

Le 8 , à minuit , il ſe déclara un coup de vent d'eſt violent, la mer devint affreuſe ; il tomboit de la neige & de la grêle ; & nous avions plus froid qu'il ne fait à Paris dans l'hyver le plus âpre. Je me ſouvins alors de l'application que ſe faiſoit M. de Frezier , dans la même circonſtance que moi , en doublant le cap Horn , de cette penſée d'Horace.

> *Melius ne fluctus ire per longos*
> *Fuit an recentes carpere flores.* (a)

En effet , il y a bien de la différence entre la douceur des beaux jours qu'on paſſe à terre en France au mois de May , & l'horreur du tems qu'il nous falloit eſſuyer ; & quand je comparois la tranquillité de la vie qu'on peut mener à terre quand on a quel-

---

(a) Hor. liv. 3. Ode 27.

que aifance, avec les fatigues de la mer, furtout dans les mauvais tems; j'étois furpris alors qu'un homme qui jouit d'une fortune honnête, pût fe livrer deux fois aux caprices des vents & des flots; mais par une grace d'état une heure de beau tems fait oublier vingt-quatre heures de peine & de périls.

Le 9 nous eûmes continuation du même tems, le vent fut également furieux, & la mer également terrible; je reftai à la cape: je voulus porter un moment le grand hunier, avec la mifaine, pour couper de jour la latitude d'un autre banc marqué fur toutes les cartes Hollandoifes, & dont les Pilotes pratiques que j'avois à mon bord m'affuroient l'exiftance conftatée par la perte de plufieurs Navires; mais je fus forcé de ferrer le grand hunier: le banc en quef- Haut fond. tion a du nord au fud, fuivant les Hollandois, 11 lieues, & de l'eft à l'oueft environ 5 lieues. Je l'ai fait marquer fur nos cartes. Je n'affure pas qu'il y ait en cet endroit un haut fond dangereux, mais je fuis perfuadé qu'il y a un banc, à en juger par la quantité prodigieufe d'oifeaux de toute efpèce que j'ai vû couvrir la furface des eaux, par la multitude de ceux qui ne quittent jamais le fond, & par les coups de mer que nous avons reçûs. Je fis fonder plufieurs fois dans le jour, & à l'entrée de la nuit, fans trouver fond; alors, excédé par le mauvais tems & par l'agitation d'un roulis violent qui nous tourmentoit depuis deux jours, je me retirai pour prendre un peu de repos,

B ij

après avoir ordonné à l'Officier de quart de faire fonder à minuit ; ce qui fut exécuté. Après avoir filé
65 braſſes de la ligne, on cria fond, parceque le plomb
n'en demandoit plus : mais comme le ſuif qu'on met
ſous le plomb pour prendre l'impreſſion du fond ne
marquoit rien, on crut qu'on s'étoit trompé, & l'on
ne voulut point m'éveiller, comme j'avois dit de le
Conjecture ſur faire ſi l'on trouvoit le fond. Je conjecture que nous
un haut fond. avons paſſé ſur l'extrémité du banc, & que nous avons
eû la ſonde des accords : ce qui me le perſuade, c'eſt
qu'examinant au jour le gros bout du plomb où l'on
met le ſuif, je le trouvai empreint de quelques grains
de ſable fin dont avec le doigt on ſentoit l'aſpérité,
& je penſe que la grande agitation des vagues avoit
lavé le plomb pendant qu'on le retiroit du fond de
la mer d'autant plus facilement que l'empreinte n'é-
toit chargée que d'un ſable très-fin, qui paroiſſoit
même mêlé de vaze.

Le 10 & le 11 nous eûmes continuation du même
tems, les vents de la partie de l'eſt toujours violens,
& la mer toujours groſſe.

Je m'eſtimois le 11 à midi par la latitude de 61 degrés 20 minutes, & par 19 degrés 30 minutes de différence occidentale du méridien de Paris. Après midi
les vents vinrent au ſud-eſt ; ils étoient moins impétueux, je trouvois cependant le tems encor trop mauvais pour attaquer la terre, mais voyant à quatre heures paſſer pluſieurs bâtimens qu'on nomme Dogres, qui

couroient vent arriere au nord-ouest ; je jugeai que
ces bâtimens qui étoient des Pêcheurs qui alloient
en Islande , avoient vû & reconnu la veille les Isles
de Ferro , & que certains de leur position ils faisoient
route pour aller chercher les Isles de Westerman qui
sont au sud de l'isle d'Islande. La manœuvre de ces
dogres , & l'ennui du mauvais tems me firent prendre
le parti d'arriver. Je tins cependant un peu plus le
vent que ces pêcheurs , & je fis gouverner au nord-
nord-ouest , afin d'atterrer plus haut , c'est-à-dire , plus
à l'est que les isles Westerman.

Je fis cette route toute la nuit , & le lendemain
12 mai , à 5 heures du matin , j'eûs connoissance du
cap Heckla, restant au nord-est , distance de 8 lieues. Ayant reconnu le cap Heckla, je fis route au ouest-
nord-ouest pour aller prendre connoissance des isles
de Westerman que je vis à huit heures. Je pris hauteur à midi , & par la différence de ma latitude observée à celle des relevemens , je trouvai que la côte
étoit portée en général trop sud de 8 minutes sur le
grand plan de M. Bellin , publiée en 1767. Nous observâmes le matin sur le cap Heckla 29 degrés de variation. J'observai que le cap Heckla a deux pointes qui
se prolongent à l'est & à l'ouest. Nous vîmes aussi le
mont Heckla qui est à peu-près dans le nord-ouest ,
corrigé du cap. Le volcan de cette montagne , un
des plus considérables de la terre , est connu par ses
éruptions fréquentes & quelquefois terribles. J'en par-

lerai plus particulierement à la suite de ce journal.
Entre le cap Heckla & les isles de Westerman, il y
a un grand enfoncement où l'on m'a assuré qu'il y
avoit de très-bons mouillages. Il y a sur-tout derriere
la pointe de l'ouest du cap Heckla un excellent atter-
rage, où l'on est bien à l'abri: on y entre avec des
vents de la partie du sud & de l'ouest. Il y a plusieurs
passages entre les isles de Westerman, mais ils sont
peu connus, car ils ne sont fréquentés que par les
Islandois ; cependant quelques bâtimens de pêche
qui atterrent sur ces isles s'y arrêtent pour pêcher, &
j'ai vû un dogre de Dunkerque qui y avoit pris 70 tonneaux de morue en huit jours. Il passe entre toutes
ces isles un courant violent, elles m'ont paru s'éten-
dre plus au sud-ouest qu'elles ne sont portées sur les
cartes françoises & hollandoises. J'ai tiré la vûe de ces
isles & du cap Heckla : voyez la planche premiere,
figures 1, 2, 3 & 4. La distance des isles Westerman à la pointe occidentale d'Islande est bien observée sur la carte de M. Bellin. Les courans portent
au ouest-nord-ouest depuis le cap Heckla jusqu'aux
isles aux Oiseaux, mais au milieu de ces isles les courans portent au nord-ouest avec des remoux épouvantables. Il y est pleine mer à 11 heures lorsque la lune est
en conjonction ou en opposition. Entre les isles de
Westerman & la pointe d'Islande, voisine des isles
aux Oiseaux, il y a des mouillages à la côte à l'abri
des vents de la partie du nord, mais si le vent vient

Fig. 1.

Vuë du Cap Heckla restant au N. E. distance de 8. Lieues.

Fig. 2.

Vuë du Cap Heckla restant a l'E N.E. distance de 9. Lieues

Fig. 3.

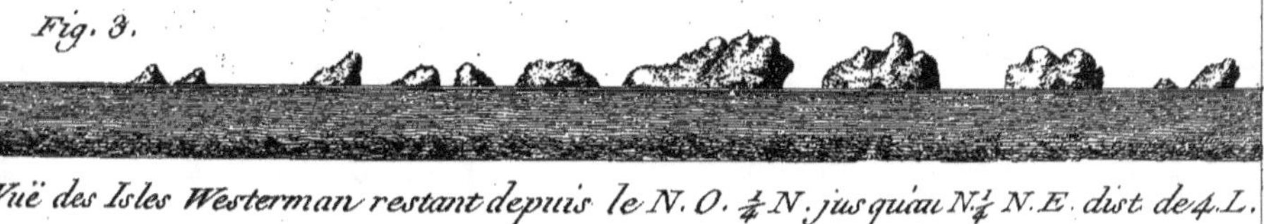

Vuë des Isles Westerman restant depuis le N. O. ¼ N. jusqu'au N ¼ N.E. dist de 4. L.

Fig. 4.

Vuë de la plus Occidentale des Isles Westerman restant au N. E. distance de 5 Lieues

à changer il faut lever l'ancre au plutôt pour se mettre au large. Toute cette côte est très-saine, & le passage est très-beau au milieu de toutes les isles aux Oiseaux.

Environ 20 lieues dans le sud de la pointe occidentale d'Islande, il y a un amas de roches qui forment une isle basse & dangereuse; elle n'étoit pas sur nos cartes, mais les Hollandois la connoissent: on l'a souvent vûe. Un habitant d'Islande, homme de beaucoup d'esprit & d'une grande érudition, qui a fait plusieurs voyages à Copenhague, qui a même écrit un abrégé de l'histoire naturelle d'Islande, m'a souvent parlé de cette isle dangereuse qui n'étoit marquée que sur les cartes hollandoises. Lui ayant envoyé une carte *Isle dangereuse.* françoise d'Islande à grands points, où j'avois marqué au crayon la position de cet amas de roches suivant les Hollandois : il m'écrivit, pour me remercier, une lettre en latin, qui étoit la langue qui me permettoit de jouir de sa savante & instructive conversation ; & voici ce qu'il me marquoit en me parlant de cette isle basse. *Lætus video te ipsum notovisse scopulos quos ipse semel vidi transeundo.* » Je vois, dit-il, avec plaisir que » vous avez vous-même marqué sur votre carte cet » amas de roches que j'ai vû un jour en passant. «

Le 12, à 6 heures du soir, les vents commencerent à souffler de la partie du nord-est gros frais. Je fis gouverner au nord-ouest quart d'ouest à sec, pour ne pas dépasser les isles aux Oiseaux avant le jour. Le vent nous faisoit faire sans voile neuf nœuds, c'est-à-dire,

trois lieues par heure. A deux heures du matin, m'esti-
mant nord & sud de la plus occidentale des isles aux
Oiseaux, je voulus mettre de la voile pour serrer le
vent, mais comme il forçoit toujours, je fus obligé de
mettre à la cape à la misaine & à l'artimon.

Le 13 j'observai à midi 63 degrés 15 minutes de
latitude, & je m'estimois par 26 degrés 15 minutes de
différence occidentale du méridien de Paris.

Coup de vent. Dans la nuit du 13 au 14 le vent devint encor plus
furieux: Je fis amener la vergue d'artimon pour prendre les ris, & à une heure après minuit (il faisoit alors
grand jour) la force du vent étoit si terrible que la mer
qui étoit toute couverte d'écumes ne pouvoit point
s'élever. Ce qui me surprenoit le plus, c'étoit de voir
dans le sein de ce coup de vent des milliers d'oiseaux
qui couvroient la surface de la mer & que l'approche
& les mouvemens du vaisseau n'épouvantoient point.
La force du vent les avoit sans doute dégradés des
isles des Oiseaux. Tous ces mauvais tems commençoient à fatiguer ma fregate qui étoit ancienne; elle
faisoit de l'eau, & nous étions obligés de pomper de
deux heures en deux heures. La crainte d'être con-
traint de relacher, & de ne pouvoir remplir ma mission, commençoit à me donner de l'inquiétude, mais
le 15 le vent diminua; le termometre qui étoit la
veille à 4 degrés au-dessous de o, ou de glace, monta
de 3 degrés; d'où je tirai le présage d'un plus beau
tems: en effet, le vent passa au sud-est petit frais vers
les

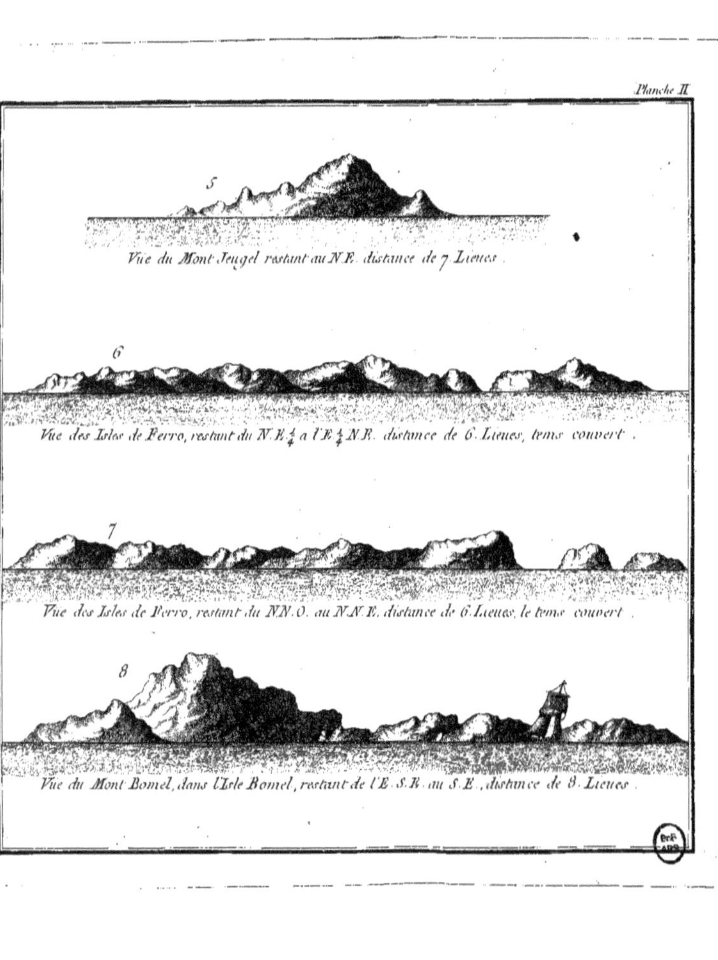

5

Vue du Mont Jeugel restant au N.E. distance de 7 Lieues.

6

Vue des Isles de Ferro, restant du N.E. ¼ a l'E. ¼ N.E. distance de 6 Lieues, tems couvert.

7

Vue des Isles de Ferro, restant du N.N.O. au N.N.E. distance de 6 Lieues, le tems couvert.

8

Vue du Mont Bomel, dans l'Isle Bomel, restant de l'E. S.E. au S.E., distance de 8 Lieues.

les huit heures du soir ; je m'eſtimois dans le ſud de la plus au large des iſles aux Oiſeaux , diſtance de onze lieues. Je mis le cap au nord, pour en avoir connoiſ-ſance ; mais je ne vis aucune iſle , parce que ſans doute les courans qui portent à oueſt étoient plus forts que je ne les eſtimois. Quand je crus être plus nord que les iſles aux Oiſeaux (ce que je jugeai par le chemin que j'avois fait , & par la mer que je trouvai tout-à-coup belle , parce que j'étois en dedans des terres ,) je fis gouverner au nord-eſt, pour ſerrer la côte & en avoir plutôt connoiſſance.

Le 16 à huit heures du matin , je découvris le mont Jeugel au nord - eſt , diſtance de quinze lieues. J'en ai tiré la vue , voyez planche II. figure 5. Ce mont, ou plutôt ce cap , qui eſt très-avancé en mer , eſt auſſi très-élevé ſur l'horiſon ; je penſe qu'on peut le voir d'un beau tems de vingt lieues. Il faut remarquer que , comme les terres d'Iſlande ſont preſque toutes & preſ-que toujours couvertes de neige & ſe reſſemblent par la couleur , il faut , pour les diſtinguer ou les reconnoî-tre , faire attention & à la hauteur & à la configura-tion. Ayant obſervé la latitude ſous ce cap , je connus par les relevemens qu'il eſt bien placé ſur les cartes, mais ſa pointe ſeptentrionale n'eſt point aſſez prolon-gée au nord-nord-oueſt. Les courans portent au nord dans cette partie ; la variation y eſt de 31 degrés. En-tre les iſles aux Oiſeaux & le cap Jeugel il y a une grande baie , qu'on nomme la baie de Hannefiord ;

Mont Jeugel.

Planche II.
fig. 5.

C

elle n'eſt preſque point connue des Pêcheurs , & mes recherches ſe ſont bornées à apprendre que pluſieurs belles rivieres ſe jettent dans ce petit golfe , & que, dans le ſud de cette baie , il y a une iſle au pied de laquelle on pouvoit jetter l'ancre par quatre braſſes d'eau à l'abri de tout vent.

En continuant ma route au nord-eſt, j'eus connoiſ-ſance à deux heures de la pointe de Bredervick ou Brederfiord. La baie de Bredervick, qui eſt entre la pointe qui porte ce nom & le mont Jeugel, eſt très-vaſte & très - profonde. Elle a douze lieues d'ouver-ture : elle reçoit pluſieurs belles rivieres ; on y trouve un grand nombre d'iſles , derriere leſquelles je ſuis perſuadé qu'il y a de très-bons mouillages ; mais ils ne ſont pas connus. Les Pêcheurs ne fréquentent même cette baie que depuis trois ans. On y prend cependant beaucoup de morues. Quand les vents ſont de la par-tie du nord , on peut mouiller avec ſûreté à la côte ſeptentrionale de la baie , on y eſt par quinze & vingt braſſes d'eau fond de ſable : on y mouille ſouvent, mais cet ancrage n'eſt bon que par des vents de la partie du nord.

Le 17 au matin, les vents à l'eſt , je fis porter pour ranger la pointe de Bredervick, dont il ne faut pas approcher plus près que de la longueur de deux ca-bles à cauſe d'un récif, ou d'une bature qui s'étend au large de la pointe. Lorſque j'eus doublé cette pointe, je diſtinguai, malgré la brume , plus de quatre-vingt bâtimens de pêche, je me mis au milieu de cette flotte, moitié françoise, moitié hollandoise, & j'arborai un pavillon blanc & bleu au perroquet de misaine (signal de convention), pour me faire connoître. Je rangeai plusieurs pêcheurs françois, afin de m'informer des nouvelles de la flotte & du succès de la pêche; je parlai à un bâtiment de Dunkerque, qui me dit qu'il avoit déja pris dix last; ce qui étoit considérable dans un mois de pêche, car il faut quatorze tonnes pour faire un last. Il m'ajouta qu'il avoit pris six last sur les isles de Westerman, où il s'étoit arrêté huit jours.

Il y a 32 degrés de variation à la pointe de Bredervick. Nous l'avons observé plusieurs fois & par des hauteurs correspondantes, & par des observations méridiennes; car tout le monde sait que, lorsque la hauteur polaire est grande, les observations ortives & occases ne sont pas bien certaines.

Le 18, le 19 & le 20, les vents varierent continuellement, tantôt nord-est, tantôt sud-ouest, tantôt foibles, tantôt impétueux. On éprouve toujours dans ces parages une très-grande instabilité de la part des vents; ils soufflent cependant plus souvent de la partie du nord-est & du sud-est. J'employai ces trois jours à reconnoître la côte, à faire des relevemens & des remarques sur le gissement des terres.

Le 21, les vents à ouest, & ne voyant que deux ou trois bâtimens, je courus au nord-nord-ouest pour chercher la flotte. A dix heures du matin, étant à six

Mer de glace.

ou sept lieues de terre , je m'apperçus que la mer étoit blanche devant moi à l'horison. Les deux pratiques de ces côtes que j'avois à bord de ma frégate, m'assu-rerent que cette blancheur n'étoit autre chose que la mer même qui étoit glacée. Je continuai ma route au nord-nord-ouest pour reconnoître ce que je voyois; & m'étant approché à une demi-lieue de cette blan-cheur, la surface de la mer me parut exactement gla-cée , & ne faire qu'un corps solide , depuis le nord-ouest du compas jusqu'au cap de nord qui restoit à l'est-sud-est. Je virai de bord pour m'éloigner du dan-ger , & en avertir la flotte. L'année précédente, le passage ou le détroit entre Groënland & l'Islande avoit été entiérement fermé par les glaces pendant

Cause de la formation de la glace.

tout l'été. Je ne puis m'empêcher de faire ici quel-ques réflexions sur cette mer glacée, & sur les mon-tagnes de glace qu'on trouve dans les mers du nord, dans la navigation d'Europe à l'Amérique septentrio-nale, & quelquefois en doublant le cap Horn. On en voit qui , semblables à des isles ou plutôt à des conti-nens , paroissent avoit plusieurs lieues de longueur & plus de deux cens pieds au-dessus de la surface de l'eau. Comment rendre raison de la formation de ces masses énormes ? Tout le monde sait que le défaut d'agitation en tout sens des parties insensibles cause le froid , & que le froid est la cause véritable & im-médiate de la formation de la glace , qu'il en est d'autres moyennes & accidentelles, comme les esprits de fel & de nitre, qui répandus dans l'air y caufent même au milieu de l'été un froid fi violent, que les lacs & les rivieres en font glacés (*a*). Ainfi les vents de nord dans la partie du nord, & les vents de fud dans la partie du fud, contribuent au froid & à la formation de la glace, parce qu'ils apportent des pôles, des corpufcules ou des atomes froids, qui s'inférant dans la furface des corps, fufpendent l'agitation des parties infenfibles. Je vais entrer dans quelque détail pour développer les caufes diverfes du froid & de la glace.

J'établis d'abord pour principe une matiere étherée, fubtile & active, qui environne & qui pénetre plus ou moins tous les liquides. Or fi l'on chaffe la matiere fubtile qui coule entre les interftices d'un liquide quelconque, fi l'on diminue fon mouvement, fi l'on affoiblit fon reffort, enforte qu'elle ne puiffe plus vaincre la réfiftance des parties intégrantes du liquide (c'eft ce que fait le froid), on aura de la glace ; ainfi la formation de la glace eft l'effet immédiat du moindre mouvement de la matiere fubtile qui conftitue le feu & la chaleur.

Voici maintenant les caufes accidentelles. Le fel, le nitre, le falpêtre, font la premiere caufe accidentelle de la formation de la glace. Dans les endroits où ils abondent l'air s'en charge, ils entrent dans les

____

(*a*) Voyage du Levant, Lettre 18.

pores des liqueurs comme autant de petits coins , ils
ferment le paſſage aux parties groſſieres de la matiere
ſubtile , arrêtent l'agitation des particules inſenſibles
des liqueurs , par-là les durciſſent & les changent en
glace ; c'eſt ainſi que ſe forment dans certaines ca-
vernes dont le voiſinage eſt nitreux, des pyramides de
glace , telles qu'on en trouva trois de quinze pieds de
hauteur au mois de ſeptembre 1711 , dans une ca-
verne auprès du village de Chaux , à cinq lieues de
Beſançon (a). J'admets le vent pour la ſeconde cauſe
de la formation de la glace.

Bien des gens s'imaginent que le vent eſt un obſta-
cle à la formation de la glace ; il eſt vrai que lorſqu'il
a beaucoup de priſe ſur une grande ſurface d'eau,
comme ſur les fleuves , ſur les lacs , & ſur les mers ,
il les empêche quelquefois de geler tant qu'il les
agite , & qu'il ôte aux parties intégrantes du liquide
le tems de s'unir , mais il eſt toujours certain en général que le vent doit accélérer la congélation, comme
je vais l'expliquer. Dans un tems froid qui tend à la
gelée, le vent ſec , comme celui de nord - eſt pour
notre climat , contribue à la congélation ; car l'air
qui ſe trouve en repos ſur la ſurface d'un liquide,
prend-à-peu-près le degré de froideur de ce liquide,
& s'y maintient ; ainſi la matiere ſubtile qui circule
entre les interſtices du liquide , & dont le mouvement

____

(a) Hiſt. de l'Acad. 1712 , p. 22.

eſt toujours proportionné au mouvement de celle qui l'environne immédiatement, n'eſt pas encore aſſez af-foiblie pour permettre la congélation ; mais ſi l'on hâte la communication de la froideur à la ſurface du liquide en chaſſant violemment l'air qui la touche, & en mettant à ſa place (comme fait le vent) un air plus froid, plus denſe, & tel qu'il le faut pour pro-curer la congélation, on affoiblira la matiere ſubtile extérieure qui touche le liquide, & par ce moyen celle qui y eſt renfermée, laquelle doit toujours di-minuer de mouvement juſqu'à ce qu'elle ſoit abaiſſée au degré néceſſaire pour demeurer en équilibre avec la premiere. Cependant ſi le nouvel air reſtoit en repos, il n'y auroit pas encore de congélation ; mais ſi l'on continue à chaque inſtant de chaſſer l'air de deſſus la ſurface du liquide, & ſi l'on y en ſubſtitue toujours un qui ſoit au degré de froideur néceſſaire pour la congélation, il eſt évident qu'il communi-quera à la fin au liquide ſon degré de froideur, & qu'il diminuera le mouvement de ce liquide juſqu'à la congélation ; ainſi le vent produit la congélation comme un éventail excite en nous le ſentiment de la fraîcheur en chaſſant d'autour de nous l'air échauffé par la chaleur du ſang & la tranſpiration.

La troiſieme cauſe accidentelle de la formation de la glace eſt l'affoibliſſement de la chaleur exté-rieure du ſoleil cauſé par l'éloignement de ſa ſource, par la poſition oblique & déſavantageuſe des ſurfaces qui reçoivent les rayons, enfin par l'interpofition des vapeurs, & d'une atmofphere épaiffe & profonde, comme la brume qui nous intercepte en partie fes rayons. Il faut auffi remarquer que l'obliquité de la fphere fait que les rayons folaires font interceptés par une plus grande quantité d'air.

Il eft encore plufieurs autres caufes accidentelles, comme le climat, les circonftances locales, & la fuppreffion d'un fouffle central, ou de vapeurs qui s'élevent continuellement du fein de la terre. Plu-fieurs Phyficiens, & nommément un célebre Acadé-micien, ont admis le feu central (a).

D'après cette petite differtation & l'examen des circonftances, il eft facile de concevoir que la mer fe glace aux environs des pôles même à plufieurs lieues du rivage (b), & qu'on trouve à la mer de gros morceaux de glace ; mais comment expliquer l'élé-vation de ces pyramides, de ces ifles, & de ces tours flottantes qu'on découvre de fix ou huit lieues ? Il faut que ces montagnes de glaces formées d'abord par différens glaçons réunis, doivent leur élévation à des neiges, & à des pluies glacées en tombant fur ces glaces ; & je fuis porté à croire que parvenues à une certaine groffeur, elles augmentent toujours en maffe. Un favant Anglois qui écrivoit vers le milieu du fiecle

(a) M. Dortous de Mairan, p. 57.
(b) Mémoires de Trévoux 1717, p. 1995.

paffé,

paſſé, adoptoit l'opinion des glaces perpétuelles, ſur-tout aux environs des pôles, & les faiſoit monter ſi haut, qu'il en déduiſoit la figure de la terre ſenſible-ment alongée ſur ſon axe (*a*) : c'eſt ainſi qu'il expli-que l'apparence éliptique de l'ombre terreſtre ſur le diſque de la lune dans deux éclipſes, dont l'une fut obſervée par Kepler, & l'autre par Ticho Brahé ; mais toutes ces raiſons ſont défectueuſes. La mer ne ſe glace autour des pôles qu'à quinze ou vingt lieues de terre, & les montagnes de glace que les navigateurs y rencontrent, ne font pas plus d'effet ſur le globe de la terre que ne feroient cinq ou ſix grains de millet répandus ſur la ſurface d'un globe de quatre pieds de diametre.

Le 22, les vents au nord-oueſt gros frais, de la brume, & la mer mâle ; voyant, en un mot, toutes les apparences d'un coup de vent, je pris le parti d'ar-river pour me mettre à l'abri dans la baie de Patrix-fiord. A onze heures du matin, dans un inſtant d'é-clairci j'apperçus pluſieurs bâtimens qui gagnoient différens ports pour ſe ſauver du mauvais tems. Pour moi, je préférois la baie de Patrixfiord, parce que l'un des directeurs de la Compagnie danoiſe y fait ſa réſidence, que c'eſt de toute la côte la rade la plus ſûre, & qu'on peut dire en ſe ſervant de l'expreſſion de Virgile : *Sedes tutiſſima navi.* J'entrai dans la baie en

Relâche à Pa
trixfiord.

(*a*) M. Childrey, hiſtoire des ſingularités d'Ecoſſe.

D

fondant continuellement, je trouvai par-tout trente à
trente-cinq braſſes d'eau fond de vaſe : & quand j'eus
dépaſſé & doublé les magaſins de la compagnie que
je laiſſai à bas-bord à un demi-quart de lieue, je vins
mouiller dans une anſe formée par une pointe de
gros graviers, où je fis tomber l'ancre par vingt-deux
braſſes d'eau fond de vaſe. Je reſtai quelque-tems à
pic pendant qu'on ſondoit autour de la frégate ; &
lorſqu'on eut reconnu qu'il n'y avoit aucun danger,
je filai quatre-vingt braſſes de cable, & j'affourchai
ſud-eſt & nord-oueſt. Alors je relevai le magaſin du
directeur au nord-nord-eſt, les pyramides de pierre
qui ſont ſur la pointe de gravier au nord 5 degrés
eſt, & la premiere pointe en-dehors de la baie au
nord-oueſt quart de nord 5 degrés nord. J'aurois pu
mouiller plus près de terre, & m'enfoncer davantage
dans l'anſe ; mais il ne m'auroit pas été ſi facile d'en
appareiller. L'inſtant de mouiller eſt lorſqu'on eſt
nord, & ſud de la pointe de gravier.

Auſſi-tôt que ma frégate fut amarrée, j'allai chez
le directeur de la Compagnie danoiſe, à qui je dis
que le mauvais tems m'avoit forcé de venir mouiller
dans cette rade, que le Roi de France m'avoit envoyé ſur les côtes d'Iſlande, pour mettre la diſcipline & faire régner le bon ordre parmi les pêcheurs
françois, pour les empêcher de commercer avec les
Iſlandois, ni de rien faire contre les privileges de la
Compagnie. Le directeur me reçut avec une hon-

nête froideur , & ne me parut point perſuadé de ce
que je lui diſois. On lui avoit rapporté qu'il y avoit
trois frégates françoiſes en ces parages , qu'elles y
étoient venues pour protéger la fraude avec les inſulaires , & que nous avions très-certainement de mauvais projets ; mais il ne tarda point à être diſſuadé &
convaincu du contraire. L'exacte diſcipline que je fis
obſerver , détruiſit bientôt les mauvaiſes impreſſions
qu'on lui avoit données ſur notre compte. J'avois
toujours un ſentinelle dans mes bâtimens à rames ;
je ne laiſſois deſcendre à terre que les officiers , &
je m'adreſſois au directeur pour tout ce dont j'avois
beſoin.

Le lendemain de mon arrivée dans cette baie , les
vents toujours au nord - oueſt , le ciel ſerein , & le
tems aſſez doux , je ſondai la rade , & je fis des relevemens. Je continuai les mêmes opérations pendant pluſieurs jours. Je déterminai la poſition des
principales pointes par les moyens d'une regle api-
nule de cuivre , garnie d'une lunette , & je parvins
à faire un plan de la baie , auquel on peut avoir con-
fiance & pour louvoyer & pour mouiller , quoiqu'il
ne ſoit pas levé avec le dernier degré de préciſion.
Les ſondes ſont très-exactes , & j'ai marqué d'une
ancre les différens mouillages. Voyez planche III.

Cette baie eſt très-grande , & cinquante gros vaiſſeaux de guerre peuvent y mouiller très en ſûreté :
l'entrée en eſt très-facile , il n'y a aucun danger , il

Planche III.
Remarques ſur
la rade de Pa-
trixfiord.

D ij

faut feulement avoir attention de bien veiller les huniers, d'en avoir toujours les driffes & les cargues en
main, quand on entre avec des vents traverfiers ; car
il vient des vents impétueux , & des tourbillons par
les gorges des montagnes qui peuvent faire démâter
& même périr un bâtiment. Il ne faut point non plus
ranger de trop près la côte, parce que, comme elle
eft très-élevée, on peut s'y trouver en calme, & être
porté à terre par les courans. Toute la baie eft très-
faine ; il n'y a rien à craindre qu'un banc de fable,
marqué *C* fur mon plan, lequel banc fe prolonge
depuis la côte de l'oueft jufqu'à la moitié de la rade
vers la côte de l'eft : mais il eft très-éloigné du bon
mouillage, comme on peut le voir par le plan : car,
dès qu'on a doublé la pointe de gravier *B*, il faut venir fur bas-bord pour mouiller dans l'anfe où l'on voit
trois ancres. Le fond y eft de vafe forte ; on eft à portée
de faire de l'eau à la riviere *D* ; on eft à couvert des
vents les plus fréquens & les plus forts en cette baie,
qui font ceux de la partie de l'eft, & je ferois d'avis
d'y affourcher nord-nord-oueft & fud-fud-eft. Les marées & les courans n'y ont point de force, & les vents
du large ou de nord-nord-oueft n'y font point violens ; car avant de parvenir dans le fond de la baie,
leur force eft détruite, & leur direction fouvent chan-
pée par les différens vents qui fortent des différentes
gorges des montagnes : j'ai même vu des bâtimens
de pêche venans du large par un coup de vent de

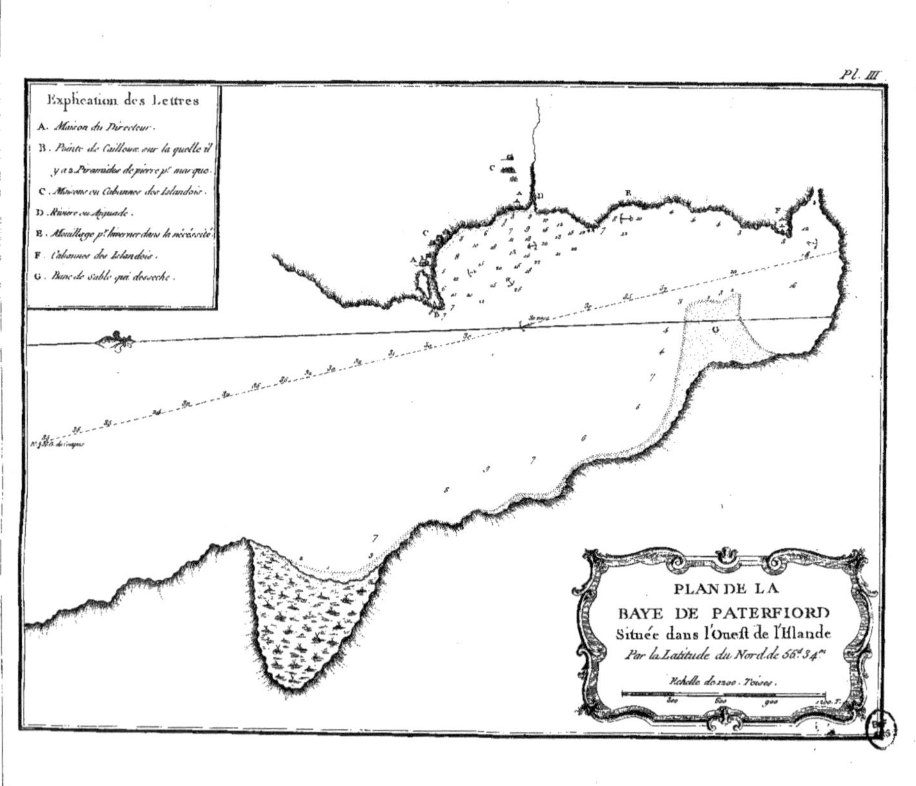

Explication des Lettres
A. Maison du Directeur.
B. Pointe de Cailloux sur la quelle il y a 2 Piramides de pierre p.r marque.
C. Maisons ou Cabannes des Islandois.
D. Riviere ou Aiguade.
E. Mouillage p.r hiverner dans la nécessité.
F. Cabannes des Islandois.
G. Banc de sable qui desseche.
PLAN DE LA
BAYE DE PATERFIORD
Située dans l'Ouest de l'Islande
Par la Latitude du Nord de 56.d 34.m
Echelle de 1200. Toises.
300   600   900   1200. T.

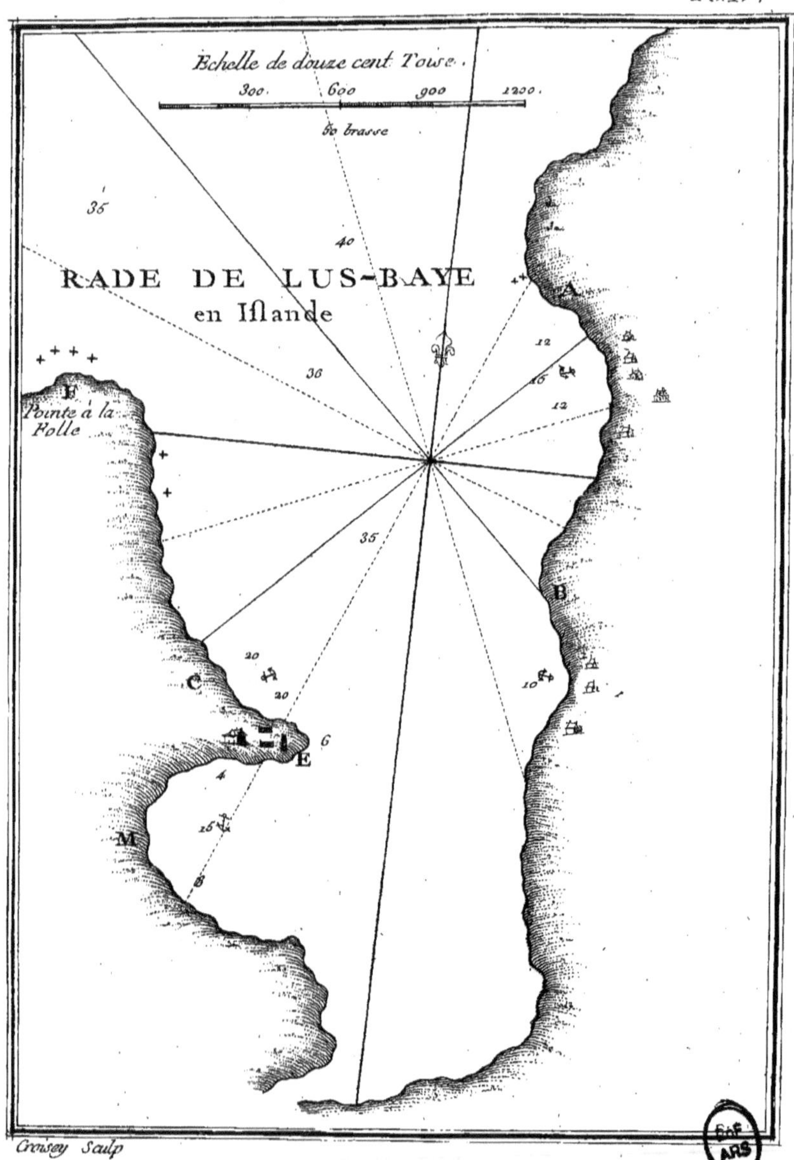

Pl. IV.
Echelle de douze cent Toise.
300. 600. 900. 1200.
50 brasse
RADE DE LUS-BAYE
en Islande
Pointe à la
Folle
F
A
B
C
E
M
Croisey Sculp

nord-oueft trouver du calme , & le vent même contraire en approchant le mouillage.

Pour avoir l'établiffement des marées en cette baie,
& favoir combien la mer y marne , je fis planter en
deux endroits que j'avois choifis & nivellés , deux re-
gles de bois bien exactement divifées par pieds & par
pouces ; l'une étoit au point de la laiffe de baffe-mer,
& l'autre au point où elle parvenoit lorfqu'il eft pleine-
mer. Par-là je réuffis à connoître que la mer marnoit
à Patrixfiord de dix pieds trois pouces , & que le 27
mai, nouvelle lune , la mer y étoit pleine à cinq heures & demie , qui eft l'établiffement de ce port.

Le 28 , les vents au nord prefque calmes & la mer
belle , j'allai reconnoître & fonder la rade de Lufbaye, qui eft à l'eft de celle de Patrixfiord ; & après
en avoir relevé toutes les pointes avec Meffieurs Duchatel & Mengaud , j'en pris le plan , fur la foi duquel
on peut, au moyen de celui que j'ai tracé planche
IV , aller choifir fon mouillage fans courir aucun rifque. On voit premierement par la feule infpection
de la carte & du plan qu'il y a beaucoup d'eau par
toute la baie , qui eft très-belle & très-faine. Il y a
deux rochers à bas-bord, en entrant à l'eft de la baie
auprès de la pointe *A* , & quelques autres à ftri-bord
en entrant à l'oueft de la baie , auprès de la pointe *F*
que nous avons nommée la pointe de la *Folle* ; mais
ces rochers font très-près de terre , & par conféquent
ne font point dangereux. Il y a un mouillage à bas-

Planche IV.

Rade de Luf-
baie.

bord dans l'anfe *A*, mais on n'y eft point à l'abri des vents d'oueft ; il vaut mieux mouiller dans l'anfe *B*, ou dans l'anfe *C*; mais le meilleur ancrage eft , fans contredit , dans l'anfe *M* au fud des cafes ou cabanes marquées fur la pointe de cailloux *E*. On y eft exactement à couvert de tous les vents. La mer ne peut jamais y être mâle ; on pourroit, après avoir mouillé une groffe ancre par quinze braffes d'eau , envoyer un grêlin avec une ancre à touer à terre au nord de la groffe ancre, laquelle ancre à touer feroit bien retenue par de bons piquets plantés dans les graviers ou cailloux. Au défaut de piquets, on fe fert de pinces de fer, de barres de cabeftan ou d'anfpects. On fe trouve ainfi affourché nord & fud, on a deux ancres à barbe pour les vents d'eft qui y font les plus violens, & l'on a deux ancres à mouiller s'il vient à furventer ; car, comme je l'ai dit, il ne faut mettre à terre qu'une ancre à touer avec des grêlins mariés, qu'il faut avoir grand foin à fourer. Il faut faire le fud-fud-eft du compas pour entrer dans Lufbaye , & le fud-quart de fud-eft pour donner dans Patrixfiord.

Coup de vent. Le 29 à midi, il fe déclara un coup de vent affreux du nord-eft , qui dura quarante-huit heures. Comme j'étois mouillé au pied d'une groffe montagne qui me couvroit, la mer n'étoit pas bien mâle ; mais la vîteffe des nuages & le fifflement des poulies atteftoient la force du vent. Nous avions un froid infupportable, & le thermomètre de M. de Réaumur étoit le 30 au matin à 4 degrés au-deſſous de *O* ou de *Glace*. La tempête pouſſa à l'entrée de la baie pluſieurs gros morceaux de glace détachés ſans doute de la mer glacée dont j'avois eu connoiſſance. La vue de ces glaçons, qui paroiſſoient former une chaîne de deux lieues de longueur, m'étonna moins que d'apprendre que la rade de Patrixfiord étoit, pour ainſi dire, toute glacée le 14 mai. C'eſt cependant ce que le directeur m'a certifié, ainſi qu'à tous mes officiers. La tempête fit relâcher à Patrixfiord trente-ſix bâtimens de pêche françois & hollandois, dont pluſieurs avoient des avaries que je fis réparer avec diligence, & dans trois jours les plus endommagés reprirent la mer.

SECONDE PARTIE.

Contenant la description d'Islande.

PENDANT le séjour que j'ai fait en Islande, je
n'ai rien négligé pour m'instruire de toutes les particularités de cette isle, de la vie des insulaires, de leurs
mœurs, de leur religion & de leur gouvernement. J'ai
tout examiné ; & les fréquentes conversations que j'ai
eues avec M. Olave, qui réside depuis plusieurs années
à Patrixfiord, & qui est plein d'érudition, me mettent
dans le cas de satisfaire sur tout ce qui peut concerner l'isle d'Islande, la curiosité du lecteur. Quelques
écrivains ont parlé de l'isle d'Islande, mais seulement
sur le rapport de quelques pêcheurs, de quelques marins peu instruits & très-ignorans dans la science des
observations. C'est sur des relations orales, faites par
des gens qui alloient à la pêche de la morue, que
M. Anderson, Bourguemestre de Hambourg, a donné l'Histoire naturelle d'Islande, écrite en allemand.
M. Horrebows a donné aussi en allemand une description historique & physique de cette isle, avec des observations critiques sur l'histoire de M. Anderson. Ces
deux auteurs se contredisent souvent. Nous avons
encore une description d'Islande par la Peireire, auteur du système des Préadamites. Voilà les trois écrivains

vains qui nous ont donné quelques connoiſſances de l'Iſlande ; mais comme ces relations ſont toutes fautives, je penſe que le lecteur ne ſera pas fâché d'en trouver ici une plus exacte & plus fidele. Je ſuivrai pas à pas M. Horrebouws, qui, né danois, eſt plus inſtruit.

L'iſle d'Iſlande eſt ſituée dans les mers du nord, entre le 63 & le 67ᵉ degrés de latitude, & entre le 15 & 30ᵉ degrés de longitude occidentale, méridien de Paris. L'étymologie du nom de cette iſle vient, je crois, du mot *ice*, qui, en anglois, veut dire glace, & de *land*, qui ſignifie terre, c'eſt-à-dire terre de glace, & par corruption on a dit & écrit *Iſland*, au lieu de *Iceland*. Les neiges qui couvrent cette iſle preſque par-tout & en tout tems, ſemblent appuyer cette opinion.

L'Iſlande a de longueur cent trente lieues communes, de vingt-cinq au degré, & ſoixante-dix lieues de largeur ; elle n'eſt éloignée des iſles de Ferro que de ſoixante-dix-huit lieues marines, de vingt au degré ; & elle n'eſt point à plus de trente-cinq lieues du Groënland, qui, dans la partie qui regarde l'Iſlande, eſt inacceſſible par les glaces & les rochers qui l'environnent.

Les hiſtoires ne fixent point poſitivement le tems de la découverte de l'Iſlande ; quelques écrivains l'ont priſe pour la Thulé des anciens, dont Virgile fait mention (*a*)

Etymologie
d'Iſlande.

(*a*) Tibi ſerviat ultima Thule, Virgil. lib. 1. Georg.

E

dans fon premier livre des Georgiques. Je trouve plutôt cette Thulé dans l'ifle d'Irlande, éloignée de l'Iflande de cent foixante-quatre lieues. Angrimus Jonas,
auteur de la chronique iflandoife, réfute dans fon
Specimen Iflandicum le fentiment des écrivains, entr'autres Pontanus, qui ont prétendu que l'Iflande étoit
la Thulé des anciens.

Cette ifle fut découverte en 798 par Nadocus, qui
la nomma *Sneeland*, à caufe de la quantité de neige
qui couvroit la terre. En 872, un Suédois, nommé
Gardanus, la reconnut plus exactement. L'année fuivante, un pirate norwegien, appellé Flocco, la nomma
Iceland; & l'an 874, un nommé Ingulfe ou Ingultus,
feigneur de Norwege, s'y réfugia pour avoir tué deux
barons de fon pays. Il la trouva inculte, & peu habitée ; il paffe pour en avoir été le premier roi.

Tout ce que je viens de dire prouve que l'Iflande
fut très-peu connue, & je crois que nous en devons
les premieres notions à M. Anderfon & à M. Horrebows.

Les cartes de cette ifle ont été jufqu'ici très-dé-
fectueufes. L'Europe n'avoit d'autres cartes de l'Iflande que celle d'André Velleius, danois, gravée en
1585, copiée par les Hollandois en 1698, & par
M. Bellin en 1751, pour fa carte réduite des mers du
nord. Cet habile hydrographe, dont les travaux utiles nous ont procuré une belle collection de plans &
de cartes en tout genre, m'avoit donné une carte à

grands points de cette ifle, réduite d'un grand plan
levé fur les lieux par des ingénieurs danois, & ache-
vé en 1734 ; mais je l'ai trouvée très-mauvaife & très-
dangereufe. Je n'ai rien négligé dans mes deux campagnes pour la corriger, & je me flatte que tous les
navigateurs feront très-fatisfaits de celle que M. Bellin doit publier d'après mes remarques & mes obfervations.

L'ifle d'Iflande n'eft, pour ainfi dire, qu'un compofé de montagnes & de rochers efcarpés qui fe cou-
pent en formant des chaînes prefque parallèles, félon
les quatre points cardinaux du monde ; mais entre
ces rochers & ces montagnes il y a de belles plaines
& de beaux vallons, qui fourniffent de très-bons pâturages pour les troupeaux. Ces montagnes font prefque toutes ftériles, incultes, & toujours couvertes de
neige & de glaces. Plufieurs de ces montagnes font Volcans.
des volcans, mais le plus fameux de l'ifle & même de
la terre entiere eft celui du mont Heckla : il a vomi,
en 1766, & jetté une fi grande quantité de pierres, que
la mer en étoit couverte à vingt lieues au large, dans
la partie du fud. Il n'eft pas étonnant que ces pierres
furnagent, pénétrées comme elles le font par un feu
actif qui leur ôte toutes les parties folides. Les montagnes toujours couvertes de glaces fe nomment Joe-
kul ou Joekelen ; il en fort l'été de grands torrens,
dont les eaux troubles & fales répandent la plus mauvaife odeur. Dans le voifinage de ces Joekelen, il y

a quelques montagnes plus hautes , mais où les glaces ne fubfiftent pas toute l'année, parce qu'il s'y rencontre fans doute du falpêtre qui les fait fondre. Une chofe finguliere qu'on voit fouvent dans les Joekelen , c'eft qu'ils croiffent , décroiffent, s'élevent & s'abaiffent de jour en jour ; chaque inftant, pour ainfi dire , ajoute à leur forme , ou la diminue. Par exemple , fi l'on veut fuivre les traces de quelqu'un qui a paffé la veille dans les montagnes, on perd ces traces tout-à-coup au pied d'une maffe énorme de glace , qu'il eft impoffible de traverfer ; & fi l'on veut faire le tour de ce morceau de glace en remontant par la droite ou par la gauche , on retrouve les traces du voyageur à la même hauteur , & fur la même ligne que les premieres, ce qui prouve que ce monceau de glace n'exiftoit pas le jour précédent ; il faut convenir que ce phénomène eft très-fingulier.

On voit qu'il eft difficile de voyager dans ce pays. Il n'y a point de route pour les chariots & charettes ; on peut aller à cheval , & tranfporter fes effets fur des chevaux ; mais il y a bien des endroits où l'on ne peut aller qu'à pied , & où les marchands font obligés de tout porter fur le dos : d'ailleurs un voyageur n'eft pas fûr de pouvoir paffer dans une année par où il aura paffé la précédente ; car les dégels font quelquefois féparer en deux des morceaux de roches qui forment des obftacles invincibles , & les torrens qui fe précipitent des montagnes font rouler dans les chemins des monceaux de pierres, qui les comblent souvent & rendent le paſſage impraticable.

L'Iſlande compte aujourd'hui plus de ſoixante-dix mille ames : elle fut autrefois plus peuplée avant cette terrible peſte, appellée *peſte noire*, qui ravagea tout le Nord au milieu du quatorzieme ſiecle. Les annales iſlandoiſes ne font point mention de cette calamité. On ſait ſeulement par tradition orale que la contagion étoit dans les plaines & les vallons couverts d'une roſée épaiſſe, & que, pour éviter la mort, il falloit gagner les plus hauts rochers.

Les parties maritimes de l'iſle ſont plus peuplées que l'intérieur du pays, à cauſe de la quantité prodigieuſe de poiſſons qui ſe jettent ſur les côtes, & de la facilité du commerce avec les vaiſſeaux de la Compagnie établie en différens ports. L'Iſlande ſeroit encore plus peuplée ſans les fréquens tremblemens de terre qui ont plus d'une fois fait périr bien des habitans ; & quoiqu'en diſe M. Horrebows, qui tourne en ridicule M. Anderſon ſur les incendies de terre & les tremblemens dont il donne la deſcription, on jugera par le récit même de M. Horrebows ſi les incendiés ſont des jeux dont on puiſſe plaiſanter. Voici ce qu'il en dit lui-même (*a*) : « En l'année 1726, on » éprouva quelques tremblemens de terre dans les » cantons du nord ; à la ſuite de ces tremblemens,

Population.

Tremblement & incendies de terre.

____

(*a*) Obſervation critique, p. 39.

» une groffe montagne, nommée Krafle, commença
» à vomir avec un fracas épouventable de la fumée,
» du feu, des cendres & des pierres. Spectacle horri-
» ble pour ceux qui demeuroient aux environs, & fur-
» tout pour deux voyageurs qui paffoient au-deffous
» de cette montagne ! mais il ne leur arriva point de
» mal, parce qu'il n'y avoit point de vent, & que
» les pierres enflammées que vomiffoit le volcan re-
» tomboient perpendiculairement. Il brûla deux ou
» trois ans ; & en 1728 le feu fe communiqua à quel-
» ques montagnes de foufre, fituées près de ce vol-
» can ; elles brûlerent pendant quelque-tems jufqu'à
» ce que les matieres minérales qui s'étoient fondues
» formaffent une riviere de feu qui coula de ces mon-
» tagnes vers le fud. Alors les habitans établis fur le
» bord du grand lac, appellé *My-Varne*, à trois lieues
» de diftance de cette montagne, eurent peur de cette
» riviere brûlante, qui s'approchoit de leur demeure.
» Ils enleverent la charpente de leur maifon pour al-
» ler habiter ailleurs ; enfin elle continua à couler, &
» à avancer jufqu'aux métairies, & au lac dont nous
» venons de parler. Là elle renverfa, brûla & confu-
» ma une ferme appellée *Reikchild*, fes prairies, &
» deux autres fermes appellées *Groff* & *Fragrenes* qui
» étoient fituées vers les rives les plus baffes du lac.
» Cette riviere de feu fe jetta enfuite dans le lac *My-*
» *Varne*, avec un bruit effroyable, en formant un
» bouillonnement & un tourbillon écumant & hor-

» rible ». On peut juger des incendies & des tremblemens de terre de l'Iflande par cette defcription de
M. Horrebows, qui certainement n'aura rien dit de
trop ; car il paroît très-porté, comme danois, à pal-
lier les vices phyfiques d'une ifle de Dannemarck,
mais il eft très-vrai de dire que l'Iflande eft fujette à
toutes fortes de cataftrophes. On voit tout-à-coup
des montagnes s'abaiffer & des lacs fe former, des
joekelen ou monts de glace fe fondre, s'enflammer,
& joindre la double horreur des naufrages & des em-
brafemens.

On trouve en plufieurs cantons d'Iflande des fources d'eau chaude. MM. Horrebows & Anderfon
s'accordent fur la defcription des effets finguliers de
plufieurs de ces fources ; mais la plus curieufe de
toutes ces fontaines eft celle qui eft fituée près d'une
métairie, appellée *Raycum*, dans le diftrict d'Huze-
vig: On y voit trois fources chaudes, éloignées l'une
de l'autre d'environ trente toifes ; l'eau bouillonne
en chacune alternativement. Ces trois fources font
dans un terrein plat ; deux d'entr'elles jettent à travers des pierres leur eau, qui s'éléve à dix-huit pouces
de hauteur. La troifieme a une ouverture ronde, de
la grandeur d'une cuve de braffeurs, & porte fes
eaux à la hauteur de dix pieds. Ce qu'il y a d'étonnant, c'eft que ces trois fources ne jettent de l'eau
qu'alternativement, & après avoir bouillonné trois
fois ; ce qui fert d'avertiffement à ceux qui font près

de se retirer. Quelque chose de bien remarquable, c'est que si l'on y jette une pierre de quelque grosseur qu'elle soit, la force du bouillonnement la rejette. M. Olave m'a dit que les habitans voisins des sources chaudes y font cuire leur viande & leur poisson, & que les voyageurs y font bouillir de l'eau pour faire du thé.

Marbre. On trouve du marbre en quelques endroits de l'Islande, & très-souvent du cryftal dans les rochers. Cryftal. Le cryftal d'Islande a la propriété de doubler tous les objets qu'on regarde au travers. M. Horrebows pense que c'est moins un cryftal qu'une espece de pierre spéculaire, *lapis specularis*. Il se trompe, ainsi que quelques auteurs qui ont cru, à cause du tissu feuilleté de ce cryftal, que c'étoit une forte de talc. On l'a mis aussi au rang des félénites ; mais il est démontré que c'est un spath calcaire, qu'il faut prendre garde de confondre avec d'autres fubftances qui lui ressemblent. On peut consulter à ce sujet l'excellent ouvrage d'Huygens sur la lumiere, & les mémoires de l'académie des sciences, année 1710, p. 341.

Métaux. L'Islande renferme dans son sein des mines de cuivre & de fer, & j'ai moi-même souvent trouvé dans les montagnes des morceaux purs de ces métaux. M. Horrebows assûre qu'on rencontre tous les jours, presqu'à la surface de la terre, de gros morceaux d'argent ; ce que je n'ai point vu, je n'ai même entendu dire à personne qu'il en eût découvert,

Il

Il y a du soufre dans les montagnes & dans les   Soufre.
plaines. On le reconnoît par les vapeurs qui s'élevent
de la terre, & par le voisinage des sources chaudes.
Le soufre est toujours couvert d'une couche de limon
ou de sable. Ce limon est de différentes couleurs,
blanc, jaune, verte, rouge & bleu. On creuse seulement deux ou trois pieds pour trouver de très bon
soufre. On choisit de préférence les endroits où l'on
voit une petite éminence, au sommet de laquelle est
un foyer par où s'exhale une vapeur chaude. A peu de
distance de l'éminence, on trouve du soufre en petits
morceaux détachés, mais c'est sous l'éminence même
qu'on-trouve le soufre le plus compact & en plus
grande quantité. Les ouvriers qui travaillent à l'ex-
ploitation des mines de soufre, ont soin d'envelopper
leurs souliers de morceaux de gros draps de laine
pour ne pas se brûler les pieds ; en effet le soufre sor-
tant de la mine est si chaud, qu'il est impossible de le
tenir dans les mains.

M. Horrebows critique M. Anderson sur ce qu'il
dit qu'il n'y a point de bois en Islande ; il fait ensuite
le détail de deux ou trois forêts, qui, dit-il, ont plus
d'une demi-lieue de tour. Pour moi, je n'ai point vu   Disette de bois.
du tout de bois ; & l'on m'a dit qu'il y avoit seulement
en quelques endroits des broussailles & de petits buissons,
tels que des ronces & des genevriers : mais la Nature
toujours bienfaisante, dédommage les insulaires par
la quantité prodigieuse de bois que la mer jette sur

F

le rivage en plusieurs parties de l'isle. Sur les côtes où la mer ne porte pas de bois, les habitans font du feu avec de la tourbe & des arettes de poisson trempées dans de l'huile faite avec des foies de morue. Dans plusieurs endroits, en creusant la terre, on arrache de vieilles racines, qui prouvent que l'isle fut autrefois couverte de bois.

Bois fossille.

M. Olave m'a aussi montré des morceaux d'une espece singuliere de bois qu'on trouve dans le sable, & plus souvent au milieu des pierres. Ce bois qu'il nommoit en latin *lignum fossile* est noir, lourd, & ressemble à l'ébene. Les Islandois le nomment *schwartzen brand*, qui veut dire en françois *noirs tisons*. On le trouve en morceaux larges & minces, & toujours entre des rochers qui l'enveloppent. Ce bois (si c'en est un) mérite toute l'attention des naturalistes. Voici ce que m'en dit M. Olave dans une de ses lettres.

» Ad petrefactorum classem quidam retulerunt ligna » fossilia, non recte, fortè quia ipsa non viderunt ; » natura enim illorum qua ligni instar diffendi, edo- » lari, & nitidissime perpoliri patiuntur probat con- » trarium. Non tamen hoc fossile genus lignum est » nec vegetabile cum vasa non habeat succo nutri- » cio recipiendo idonea, non in terrâ radices agat nec » supra terram diffundat ramos. Ab Islandis *schwar-* » *tzen brand* sivè nigrum tignum appellatur. E fissuris » rupum sese exserit impurum, corticosum vel magis » terrestre ; intrinsecus fibris gaudet subtilissimis, in

» longitudinem porectis, quo penitius est eo perfectius
» optimum flexilè, ebœno non cedit. Hinc ab acco-
» lis in orbes, scriniorum pedes, mensas, &c. torna-
» tur. Omni ligno gravius in aqua mergitur, non pu-
» trefcit, nec igni admotum facile inflammatur, fed
» uritur terræ inftar. Materia videtur effe ligni ana-
» logum, generatione minerale ; quâ ratione in Iflan-
» dia primum provenerit tam diu latet, quam diu
» ejus conftitutio perfpecta non habetur. Quare ne
» foret curæ pretium ejus naturam exquifitius rimari ».
Le lecteur ne fera pas fâché que j'aie rapporté ce
fragment de lettre qui peut fervir à faire connoître la
nature de ce bois foffile.

Un botanifte trouveroit en Iflande bien de l'occu- Plantes.
pation. Je n'entre point dans le détail des plantes
falubres que la terre produit en grande quantité, &
dont plufieurs font inconnues en France : ces objets
ne font point de mon reffort, mais j'ai remarqué,
en admirant la fageffe de la Providence, que les fim-
ples les plus néceffaires aux habitans y font très-com-
muns, comme l'ail, l'ofeille & le cochlearia, excellens
préfervatifs contre le fcorbut, la maladie dominante
du pays. On y trouve auffi par-tout de l'angélique ; elle
y croît en fi grande abondance, que les habitans en
font fouvent leur nourriture, & en donnent à leurs
beftiaux ; elle eft d'ailleurs d'un goût exquis, & d'une
grandeur extraordinaire.

Mais la plante la plus finguliere & la plus précieufe Plante dont on fait du pain.

est celle qu'ils trouvent sur les rochers, c'est une espece de mousse qui ressemble assez au pulmonaire. Beaucoup d'Islandois en font de la farine, qu'ils préferent à celle de froment. Ils la nomment *fialla-gras*, herbe de rocher. M. Olave, dans une de ses lettres, me fait l'éloge de cette plante, en m'en envoyant une poignée, il s'explique en ces termes. « Mitto tibi, » Domine, herbam panis apud Islandos succeda- » neam, pulmonariæ vicinam, diu Muscus Islandicus » nominata est hæc herba crescit in saxetis altiorum » montium, ita ut jure dici possit Deum nobis dare » panem è lapidibus. Nanquam crescit in terra vel » humo neque radices agit dapsilem missum ex ea » paramus, pultem frequentissime cum lacte tam ju- » cundam & salubrem ut omnibus farinaceis ante po- » nam, est etiam excellentissimum pectorale, tutissi- » mumque in dysenteria medicamentum ». On voit que M. Olave, qui est très-versé dans la Botanique, attache à cette plante bien des vertus salutaires.

Fruits.   Les légumes & les fruits ne peuvent venir en Islande, parce que, comme le remarque M. Anderson, le froid est trop excessif ; & quoiqu'en dise M. Horrebows, qui dit avoir mangé des groseilles dans le jardin du gouverneur à Besested, je pense qu'il est plus difficile de faire venir des raves en Islande que des ananas à Paris. Il n'est pas plus possible d'y

Agriculture.   faire croître du bled ; & les ordonnances sur l'agriculture, qui servent d'autorité à M. Horrebows, ne

prouvent point que les terres d'Iſlande furent jadis en-
ſemencées ; car la ſageſſe des loix prévoit tous les jours
des cas qui n'arrivent pas.

On ne voit en Iſlande aucune bête fauve. Il y   Ours.
vient quelquefois des ours portés ſur des glaçons du
Groënland ; mais dès qu'ils ont pris terre & qu'on
les apperçoit, ils ſont tués à coups de fuſil ou de
lance : il en vient de noirs, de blancs, de griſâtres
& de tigrés, mais ils n'ont jamais le tems de ſe multiplier.

Le ſeul animal farouche qui ſoit en Iſlande eſt le   Renards.
renard. On en voit de noirs, de bleus, de rouges &
de blancs. Les habitans, pour prendre beaucoup de
ces animaux, placent dans la campagne un mouton
ou un cheval mort, qui répand au loin une odeur
forte. Les renards alléchés par l'odeur, ſe raſſemblent
autour de la charogne, auprès de laquelle le chaſſeur
a eu ſoin de ſe pratiquer une loge d'où il voit ſans
être vu, & d'où il peut tuer quatre ou cinq renards
à chaque coup de fuſil.

Il y a beaucoup de chevaux en Iſlande, la race en   Chevaux.
eſt petite, elle vient, ſelon M. Anderſon, de Norvege, & de l'Ecoſſe, ſelon M. Horrebows ; elle ne
ſort peut-être ni de l'un ni de l'autre de ces deux
pays. Quoiqu'il en ſoit, les chevaux iſlandois ont
beaucoup de force & de vîteſſe. On voit dans les
montagnes d'Iſlande des milliers de chevaux qui paſſent pluſieurs années ſans entrer ſous aucun toît ; ils

ont l'inftinct de rompre la glace avec les pieds pour trouver de la nourriture. Les chevaux de felle reftent tout l'hiver à l'écurie ; mais quand un habitant veut des chevaux pour le travail , il envoie dans les montagnes des valets qui les raffemblent , & les prennent avec des cordes. Les chevaux qu'on retire des montagnes à cinq ans, deviennent ordinairement les plus beaux & les plus vigoureux du pays.

Moutons. Les Iflandois élevent beaucoup de moutons. Chaque ferme ou métairie a fon troupeau ; il y a des fermiers qui ont jufqu'à cinq bergeries. On laiffe en certains cantons errer les moutons toute l'année, même l'hiver , dans les montagnes. On a feulement foin , quand la mauvaife faifon commence ; de retirer dans les bergeries les agneaux qui n'ont pas un an , car ils ne pourroient fupporter le froid comme les vieux moutons qui font mieux fourrés. Ces animaux font obligés de faire une ouverture dans la neige pour trouver de l'herbe : c'eft un bien très cafuel pour les habitans , ces pauvres gens perdent fouvent dans un inftant le fruit de leurs peines. Lorfqu'il tombe beaucoup de neige & que le vent eft violent , des troupeaux entiers , forcés de céder à fon impulfion, fe trouvent fur les bords de la mer, & font enfuite enlevés par un fecond orage. M. Horrebows en a vu, dit-il, qui, par la force du vent, avoient été tranfportés à quatre lieues en mer. Il arrive fouvent que lorfque les moutons font dans les champs en hiver

lorfqu'il tombe de la neige , & qu'il gele , ils fe ra-
maffent en pelotons , alors leur toifon elle-même fe
gele , de maniere qu'ils ne peuvent plus fe dégager ,
& qu'ils ont au - deffus d'eux plus de vingt pieds de
neige. Ils reftent dans cet état jufqu'à ce que le tems
permette de les chercher & de les fauver. Quelquefois on les retire fains & faufs, mais quelquefois auffi
ils font étouffés par le poids de la neige , ou étran-
glés par les renards qui leur font une guérre cruelle.
On lit dans M. Anderfon une particularité qui paroît
fabuleufe. Il raconte que lorfque les moutons font
obligés de refter quelques jours dans la neige , la
faim les force à fe manger la laine , & qu'ils fubfiftent
ainfi jufqu'à ce qu'on vienne les fecourir. Ce fait m'a
été certifié dans le pays ; on m'a de plus ajouté, que
lorfque le propriétaire s'en apperçoit , il tue les moutons poffédés de cette manie trop nuifible aux autres,
parce qu'elle détruit leur vêtement, qui eft leur unique défenfe contre le froid. La laine des moutons eft
très-belle , mais elle eft de différente qualité , felon
les différens quartiers de l'ifle , qui eft d'une grande
étendue.

L'Iflande a beaucoup de bœufs & de vaches. Ces
animaux font de petite taille. Les bœufs ont un goût
fauvage ; les vaches donnent beaucoup de lait (a) ,

Bœufs &
vaches.

(a) Les Iflandois , au défaut de foin , nourriffent leurs beftiaux avec des
arrêtes de poiffon bouillies.

quelques-unes en donnent vingt pots par jour ; leur lait eſt admirable, c'eſt la nourriture & la boiſſon des malades ; le petit lait eſt la boiſſon principale de ceux qui ſe portent bien, ils la nomment *ſyre*. Elle devient aigre en vieilliſſant ; c'eſt alors qu'ils la trouvent bonne & ſaine : ils y mêlent même ſouvent du jus d'oſeille quand elle eſt trop fraîche.

Gibier.   Tout le gibier d'Iſlande conſiſte en becaſſes, becaſſines & perdrix. La perdrix, que les inſulaires appellent *riper*, eſt blanche, elle eſt plus groſſe que les nôtres, elle a les pattes couvertes d'un duvet comme celles d'un lapin : les perdrix ont également les plumes blanches dans la Laponie (*a*), & ſont groſſes comme celles d'Iſlande. Les Iſlandois les tuent à coup de fuſil, ou les prennent dans les lacs.

Oiſeaux de proie.   L'Iſlande eſt remplie d'un nombre infini d'oiſeaux de proie de toute eſpece, comme aigles, vautours, éperviers, faucons, hiboux, corbeaux, & beaucoup d'autres qui ont des noms particuliers, ou qui n'en ont point. De tous les oiſeaux, le faucon eſt celui qui mérite le plus notre attention. On en trouve de blancs, de gris-blancs & de gris. Il eſt reconnu que les faucons d'Iſlande ſont les meilleurs, ils ſont plus gros & plus forts que ceux des autres pays, & peuvent chaſſer plus de douze ans. Le Roi de Dannemarck en envoie chercher tous les ans. Il paye cinquante

____

(*a*) M. Linnæus, page 268.

livres

livres de notre monnoie pour un faucon gris, & quatre-vingt livres pour un blanc.

Il y a beaucoup d'oiseaux aquatiques, comme cignes, oies, canards, plongeons, &c. mais le plus remarquable & le plus lucratif pour les habitans est le canard qui donne l'edredon. Ce canard rapporte un double profit aux Islandois ; il produit des œufs excellens qu'on peut lui faire renouveller jusqu'à trois fois, & il fournit un précieux duvet.

Cet oiseau forme l'intérieur de son nid avec le duvet qu'il arrache de son estomach, ensuite il pond trois ou quatre œufs. L'habitant à qui le nid appartient, enleve le duvet & les œufs ; la femelle se déplume encore, refait son nid, & pond d'autres œufs qu'on lui enleve de nouveau : alors le mâle se déplume à son tour, refait le nid, & la femelle pond des œufs pour la troisieme fois ; mais on les lui laisse ; attendu que si on les enlevoit trois fois, elle n'en feroit plus & abandonneroit pour toujours ce canton malheureux, ce qui feroit une perte considérable ; car les petits viennent l'année suivante se multiplier dans l'endroit où ils ont pris naissance. On a dit à M. Anderson que les Islandois mettoient un bâton d'une demi-aune de long dans le nid des canards à duvet, afin d'obliger la femelle à pondre une quantité d'œufs assez grande pour couvrir le haut du bâton, au point de pouvoir s'asseoir dessus pour les couver. Je suis surpris que M. Anderson ait publié

G

de pareilles fables ; mais tout ce que je viens de dire est dans le vrai. Nous avons tué pendant notre féjour en Iflande beaucoup de ces animaux mâles & femelles , & j'ai remarqué que le duvet que l'on arrache au mâle qui a beaucoup de plumes blanches, eft bien plus beau & plus fin que celui de la femelle.

Poiffons. La quantité de poiffons de toute efpece qui abondent fur les côtes d'Iflande eft prodigieufe. On en pêche toute l'année ; cependant le tems le plus convenable eft depuis le mois de mars jufqu'au mois de feptembre. On y prend des harengs , des cabeliaux ou morues, des égreffins , des hillebuts, des folles ; des plies , des flaitans, des colins, des maqueraux ; des rayes, &c. Tous ces poiffons font affez connus, mais nous en avons pris qui étoient d'une grandeur extraordinaire ; nous pêchâmes un jour un flaitant qui pefoit trois cens livres. Le poiffon le plus fingulier de cette côte eft celui que nous nommons loup , & que les Iflandois nomment *fteen-bit* , c'eft - à - dire *mangeur de pierres* , en effet , quand on l'ouvre , on le trouve toujours plein de petites pierres ou gravier : il fe nourrit auffi de petites morues , auxquelles il fait continuellement la guerre. Toutes les fois que le tems le permet les Iflandois vont à la pêche dans les baies, ou même à une ou deux lieues en mer ; ils s'embarquent dans des efquifs légers, nommés *yolles*. Le poiffon le plus commun & qui fait la grande richeffe des habitans eft le cabeliau, ou la grande morue que ces

infulaires nomment *forfch* , c'eſt leur principale den-
rée marchande ; ils en tirent leur ſubſiſtance en le
changeant contre les choſes dont ils ont beſoin. C'eſt
ce même poiſſon que les François & les Hollandois
vont pêcher ſur les côtes d'Iſlande , depuis le mois de
mars juſqu'au mois de ſeptembre. Les bâtimens dont
ils ſe ſervent , & qu'ils appellent *dogres* , ſont d'environ cent tonneaux. La pêche commence à la pointe
de Brederwick , & finit à la pointe de Langerneſs ,
en remontant par le cap de Nord & par l'iſle Grims.
On pêche à l'hameçon , qu'on garnit d'un morceau
de viande crue ou du cœur d'un poiſſon pris récem-
ment. La pêche des dogres françois ou hollandois ſe
fait ordinairement à quatre ou ſix lieues en mer , à
quarante ou cinquante braſſes de profondeur. Pluſieurs
bâtimens vont même quelquefois à quinze lieues au
large pêcher par cent braſſes d'eau. A meſure qu'on
prend de la morue , on la décolle , on la lave bien ,
on l'habille , on la met en des tonnes avec du ſel de
mine ou de Liſbonne. Voilà comme ſe fait cette
pêche qui occupe tous les ans quatre-vingt bâtimens
françois , & plus de deux cens hollandois. La morue
ainſi préparée eſt délicate & blanche , le ſel de mine
contribue à lui conſerver la blancheur , parce qu'il ne
dépoſe point ſur le poiſſon une vaſe noire , comme
fait le ſel de France. On eſt ſurpris , vu la quantité
prodigieuſe de morue qu'on prend tous les ans ſur le
grand banc, dans le Nord , &c. que la mer n'en ſoit

point dépeuplée ; mais un physicien qui a eu la patience de compter les œufs d'une morue , & qui a trouvé dans une seule neuf millions trois cens quarante-quatre mille œufs , rassure par ce calcul les observateurs , & prouve que la génération de ce poisson est plus forte que sa destruction. Après la morue ou le cabeliau , le poisson le plus commun sur les côtes de la mer du Nord , est le hareng, dont la pêche est d'un produit infini pour les nations boréales. Ce poisson est si abondant , que , malgré l'énorme quantité qu'on en prend , on calcule que le nombre des harengs pris chaque année par tous les pêcheurs dans les mers du Nord , est au nombre de ceux qui peuplent tous les ans ces mers , comme un est à un million. Cette pêche nourrit en Hollande plus de cent mille personnes. M. Huet évalue le produit annuel de la pêche des Hollandois en harengs à vingt-cinq millions , dont dix-sept millions de pur gain & huit millions pour les frais. Doot soutient qu'en 1688 quatre cens cinquante mille Hollandois furent employés à la pêche du hareng ou à ce qui la concerne.

Baleine.   On voit une grande quantité de baleines , sur-tout dans l'été, sur les côtes d'Islande. J'en ai vu douze ou quinze ensemble, à cinq ou six lieues de terre, dans le nord des isles aux Oiseaux ; je leur fis tirer une vingtaine de coups de canon à boulet , pour exercer mes canonniers qui en blessèrent plusieurs. On prend en Islande beaucoup de saumons ; & dans les lacs , tels que le Myvarne dont j'ai déja parlé, on trouve quantité de truites excellentes, que les habitans fechent & falent, pour en faire leur nourriture pendant toute l'année. Les anguilles font auffi très-communes, mais les Iflandois ont pour ce poiffon une averfion finguliere.

Après avoir détaillé les productions d'Iflande, il convient de faire connoître la conftitution, les travaux, & la vie privée des Iflandois. Ces peuples font d'une taille ordinaire, & d'un tempérament robufte ; ils jouiffent d'une fanté admirable ; une éducation mâle, une vie fobre, pénible & frugale contribuent fans doute à leur donner cette trempe forte. Ils font en général allertes & bienfaits ; ils ont de belles dents & prefque tous des cheveux blonds. Les femmes ne font point d'une auffi bonne conftitution que les hommes, leurs occupations font fort douces ; elles travaillent & préparent les laines, & leur plus grande peine eft de faire le foin. Leurs couches ne font point faciles, & auffi heureufes que le dit M. Anderfon ; un inftant après leur délivrance, elles ne vont point fe baigner & fe remettre à leur ouvrage. Dans les différens féjours que j'ai faits en ce pays, mon chirurgien en a accouché plufieurs avec les mêmes difficultés, & je fais qu'elles reftoient toutes huit jours au lit ; j'ai même appris qu'il en meurt beaucoup en couche faute de fages-femmes, de chirurgiens & des fecours néceffaires. Les Iflandois n'ont ni bons chi-

Conftitution
des Iflandois.

rurgiens, ni habiles médecins, cependant après l'âge
de cinquante ans ils en auroient grand befoin ; c'eft à
cet âge qu'ils commencent à être attaqués par les maladies & les infirmités. On voit rarement dans cette
ifle un homme de quatre-vingt ans : les Iflandois pé-
riffent prefque tous par la poitrine, par le fcorbut &
par les obftructions. Ils appellent prefque toutes les
maladies qui les menent au tombeau du nom généri-
que de *landfarfak*. Ils ont une maladie héréditaire qui
differe peu de la lepre, mais qui n'eft pas contagieufe.
On fera fans doute étonné que les Iflandois que j'ai
peint fi vigoureux, deviennent infirmes dans un âge
fi peu avancé ; mais il faut faire attention aux travaux rudes qui les occupent continuellement, & à la
vie fédentaire qu'ils menent. Ils n'ont point d'exer-
cices publics, ils ne connoiffent ni les jeux, ni les
danfes, ils effuyent nuit & jour à la pêche les injures
du tems, ou s'ils habitent l'intérieur de l'ifle, ils ne
fortent pas de chez eux fans fe mouiller les pieds dans
les vallées toujours humides par la quantité de ruiffeaux & de torrens qui defcendent des montagnes
couvertes de neige & de glaces. Les Iflandois élevent
leurs enfans avec tous les foins poffibles, on ne les
fevre pas plutôt qu'en France, & M. Anderfon fe
trompe lorfqu'il prétend qu'ils ne têtent que huit ou
dix jours, mais (n'en déplaife à M. Horrebows) il dit
la vérité, quand il avance que lorfqu'on porte un enfant à l'églife pour le baptifer, on lui met dans la

bouche un morceau de linge trempé dans du lait : je l'ai vu & je puis le certifier. Ce qui m'a paru le plus singulier dans la façon d'élever les enfans , c'est qu'on les met en culotte & en veste au bout de deux mois.

J'ai dit que la vie des Islandois étoit sobre & frugale, le lecteur en pourra juger sur ce que je vais raconter de leurs repas ; ils vivent ordinairement de têtes de cabeliaux pendant l'été, & de têtes de moutons pendant l'hiver : ils décolent la morue ou cabeliau pour la sécher ou la saler , & les têtes se consomment dans le ménage. Un ménage ordinaire se nourrit avec trois ou quatre têtes de morue bouillies dans l'eau de mer. Il font cuire dans l'eau le poisson, la viande & tous leurs alimens. Les têtes de moutons qu'ils mangent l'hiver sont le superflu des salaisons de ces animaux dont ils font commerce. Ils mettent ces têtes dans une espece de vinaigre pour les conserver. Ce vinaigre se fait avec du petit-lait, du jus d'oseille, & autres herbes fortes. Tous leurs mets sont apprêtés sans sel & sans épiceries , le beurre est le seul ingrédien ; mais le laitage est la principale nourriture des insulaires. Le pain est très-rare en Islande ; les pauvres n'en connoissent point l'usage , & ne vivent que de poisson sec ; ceux qui ont plus d'aisance mangent du pain les jours de réjouissance, comme noces, baptêmes , assemblées , &c. Ce pain leur est apporté de Copenhague. Il a la forme des galettes ou biscuits

Nourriture des Islandois.

de bord ; il eſt fait de groſſe farine de ſeigle , & il eſt noir à faire horreur.

L'habillement des Iſlandois, & ſur-tout des Iſlandoiſes, eſt aſſez ſingulier ; je ne parle pas des officiers de juſtice qui viennent de Copenhague , & s'habillent comme en Dannemarck ; il n'eſt ici queſtion que des habitans naturels d'Iſlande. Les hommes ſont preſque habillés comme nos matelots ; ils ont une grande veſte en façon d'habit & un bon gilet de drap ; la culotte eſt de même étoffe que le gilet. Ils portent quatre & ſix rangs de boutonnieres ſur leur gilet ; & comme les boutons ſont toujours de métal, cuivre ou argent, ils ſervent d'ornement. Les pêcheurs mettent par-deſſus un gros gilet uni un autre gilet de peau de mouton ou de cuir; ils frottent ce gilet de foie de poiſſon ou de graiſſe , pour le conſerver & le rendre impénétrable à la pluie. Ils couvrent l'autre moitié du corps d'une eſpece de pantalon de cuir qui leur tient lieu de culottes , de bas & de ſouliers. Ils ont de grands chapeaux rabattus , qui les mettent à l'abri des injures de l'air quand ils vont à la pêche. Les femmes ont des robes , des camiſolles & des tabliers d'un drap , appellés *wadmel* , qui ſe fait en Iſlande : elles mettent par-deſſus leur camiſolle une robe très-ample , aſſez ſemblable à celles des jéſuites , mais elle ne deſcend pas ſi bas que les juppes qu'elles laiſſent voir. Cette robe eſt de différente couleur , mais plus ſouvent noire ; on la nomme *hempe :* elle eſt garnie d'un ruban

de

de velours ou de quelqu'autre ornement. Les femmes riches portent le long du devant de la *hempe* plufieurs paires de boucles d'argent ou de vermeil, qui ne fervent qu'à la parure. Elles garniffent auffi le bas de leurs tabliers & de leur juppes, & les coutures de leurs camifolles de rubans de foie, de galons ou de velours de différente couleur. Elles portent un collier roide, large de trois ou quatre doigts. Ce collet ou collier eft toujours d'une très - belle étoffe ou d'un velour bordé d'un galon d'or ou d'argent. Leur coëffure a l'air d'une pyramide ou d'un pain de fucre de deux ou trois pieds de hauteur ; elles fe coëffent avec un grand mouchoir d'une très - groffe toile qui fe tient tout droit, qui eft couvert d'un autre mouchoir plus fin, qui forme la figure que je viens de dire. Les hommes & les femmes portent également des fouliers de cuirs de bœuf, ou de peau de mouton coufus par les femmes. Ces fouliers qui n'ont point de talons, & qui reffemblent affez à des bourfes à jettons, fe lient & fe ferrent au bas de la jambe par le moyen de petites courroies, qui font l'effet des cordons de bourfe. Voyez l'habillement, planche *A*.

MM. Horrebows & Anderfon ne font point d'accord fur la forme des habitations des Iflandois. Le premier, qui voit tout en beau, fait la defcription des maifons que les gens riches habitent. Le fecond qui n'écrit que fur le rapport des pêcheurs qui ont fréquenté les côtes, trace la peinture des cabanes qu'ha-

Planche *A*.

Habitation des Iflandois.

H

bitent les pauvres. La defcription du premier eft trop
magnifique ; la peinture du fecond ne s'éloigne pas
beaucoup de la vérité. En entrant dans chaque maifon, dit M. Horrebows, on trouve un corridor profond, large de fix pieds, au-deffus duquel font des
folivaux de traverfe qui portent un toît. On pratique
dans ce corridor, de diftance en diftance, des ouvertures rondes pour donner paffage à la lumiere ; elles
font fermées par de petits carreaux de verre, & communément par de petits cercles de tonneaux, fur
lefquels eft tendu un parchemin qui fe fait avec les
veffies des bœufs & des vaches ; ils appellent ce parchemin *hinne* ; il eft fort tranfparent. A l'un des bouts
de ce corridor eft l'entrée commune de la maifon.
Devant cette entrée eft placée une chambre de quatorze aunes de long (*a*) fur huit aunes de large, que
les Iflandois appellent l'étuve ; cette piece fert ordinairement de falle de travail : les femmes y préparent
la laine, y font les habits & les autres travaux du
ménage. Au bout de cette falle, il y a ordinairement
une chambre à coucher pour le maître & la maîtreffe.
Les enfans & les fervantes couchent au-deffus. Il y
a encore ordinairement deux autres pieces de chaque côté du corridor, l'une de ces pieces fert de cui-
fine, l'autre de garde-manger. La troifieme de laite-
rie, la quatrieme & la derniere à l'entrée du corridor

____

(*a*) L'aune iflandoife a les trois cinquiemes de l'aune de France.

fert à faire coucher les domeſtiques : cette piece eſt appellée chez eux la *skaule*. On pratique ſur le toît de chaque chambre des ouvertures , comme ſur le cor- ridor , pour introduire la clarté par le moyen de quel- ques vîtres ou de quelques chaſſis de *hynne* ; mais la ſalle du travail eſt ordinairement éclairée de deux fenêtres vîtrées ; outre toutes ces pieces , la plûpart ont encore du côté de la skaule une chambre pour recevoir les étrangers ; c'eſt l'appartement de parade. Près de ce corps de logis , ils ont une **maiſonnette** , qu'ils appellent *forge :* c'eſt-là qu'ils font tous leurs ou- vrages. Chaque habitant a de plus ſon étable, ſon écurie & ſa bergerie. Les Iſlandois ne ſerrent pas le foin dans des maiſons, mais ils le placent ſur un lieu élevé entouré d'un foſſé , & ils le mettent en tas ſé- parés de ſix pieds de hauteur , & ſix pieds de largeur. Ils ménagent de petits intervalles entre les tas qui ſont couverts de gazons verds en pyramide pour que l'eau s'écoule facilement , & ſe rende au foſſé. Voilà la deſcription que M. Horrebows fait des maiſons ordi- naires des Iſlandois , il boiſe enſuite les appartemens , & les décore de glaces & de meubles. Les gens les plus riches du pays ont en effet des maiſons diſtri- buées comme celles que l'on vient de décrire ; mais on n'y voit ni glaces , ni boiſeries , ni meubles de parade. Les pieces, les chambres , les ſalles mêmes pour recevoir les étrangers ont rarement un plancher. Une table , quelques coffres ou armoires , & un poële

conftruit en briques ; voilà tout ce qui décore les maifons que les plus riches habitent ; les pauvres & les
pêcheurs n'ont qu'une fimple cabane à moitié enfon-
cée dans la terre. Les beftiaux occupent le bas ; les
maîtres , les enfans , les domeftiques couchent au-
deffus , & ne font féparés des animaux que par quelques planches volantes. Au refte , toutes les habitations font couvertes de gazon. Cependant dans les
villes, comme *Holum* & *Skalholt* , les maifons des évêques & des baillifs font conftruites en briques , en
pierres & en bois , & font couvertes de planches ;
mais elles coutent prodigieufement, car prefque tous
les matériaux font apportés de Copenhague. On appelle villes un amas de quelques maifons très-voi-
fines.

Mœurs des If-
landois.

Les Iflandois n'ont point tous les vices que leur
impute M. Anderfon , mais il s'en faut de beaucoup
qu'ils aient toutes les belles qualités que leur donne
M. Horrebows. Ils font bons , doux , humains , mais
pareffeux , défians , ivrognes. Les facteurs de la Compagnie danoife , qui a des magafins en différentes parties des côtes , donnent de l'eau-de-vie en échange
de poiffons fecs , de laine , & autres marchandifes
du pays , & ce commerce fournit aux habitans les
moyens de s'enivrer. Ils ne m'ont point paru braves ;
on m'a dit cependant qu'il y avoit des Iflandois dans
les troupes du Roi de Dannemarck. Ils font bons
matelots fur les côtes. Les Hollandois qui vont à la

Dame Islandoise.

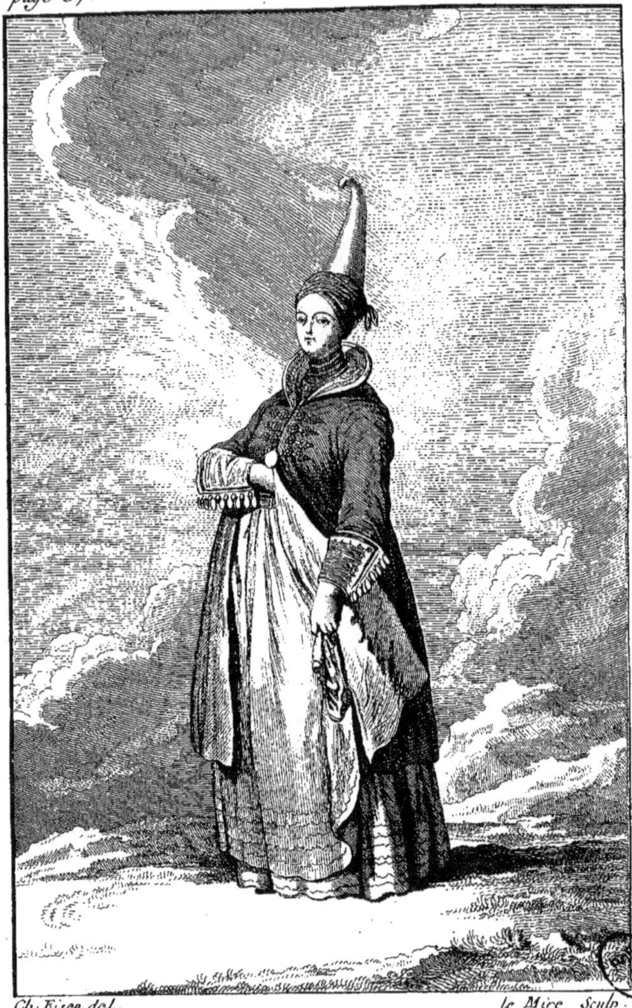

pêche en débauchent souvent pour le service de leur marine. Les Islandois sont judicieux ; ils aiment les sciences & les arts ; ils jouent beaucoup aux échecs, ils ont pour ce jeu le goût le plus vif. J'ai trouvé en Islande beaucoup d'habitans qui parloient latin : plusieurs vont faire leurs études à Copenhague, & les font avec succès. Il y a aussi des colleges à Skalholt & à Holum, où les Islandois envoyent leurs enfans, qui réussissent presque tous dans les humanités.

En l'année 1000, le Islandois étoient plongés dans les ténebres de l'idolâtrie. Ils adoroient *Jupiter* sous le nom de *Thor*, & *Mercure* sous le nom d'*Odin* : ils ne reconnoissoient que ces deux divinités. La religion catholique y fut établie quelque tems après ; elle en a été depuis bannie par Christian III. roi de Dannemarck : ils sont tous aujourd'hui luthériens de la confession d'Ausbourg. Cette doctrine ne s'est point introduite chez eux sans effusion de sang. Un évêque catholique de la plus grande vertu, soutenu d'un parti puissant, voulut s'opposer aux progrès de l'erreur ; il résista long-tems, mais il fut victime de son zèle qui lui coûta la vie. *Religion.*

Les Islandois commercent avec une compagnie de Copenhague, qui a le privilege exclusif de venir en Islande, moyennant une somme qu'elle paye au Roi : cette Compagnie, dont j'ai déja parlé, établit dans chaque port des facteurs ou directeurs, qui ont des magasins pleins de marchandises qu'ils débitent pen- *Commerce.*

dant le cours de l'année aux infulaires. Ce débit
continuel & journalier n'empêche pas qu'il ne fe faffe
tous les ans une grande vente à l'arrivée des vaiffeaux
de la Compagnie dans chaque port. Les marchandifes
d'exportation confiftent en poiffons fecs, mouton falé,
bœuf falé, beurre, huile de poiffons, fuif, laine brute,
wadmel, camifoles groffes & fines, bas & gants de
laine, peaux de moutons & de renards, foufre, plumes,
édredon, &c. Les marchandifes d'importation confiftent en toute forte de ferrures, pains fecs, bierre,
eau-de-vie, étoffes, farines, lignes de pêche, planches, bois de charpente, tabac, fers à cheval. Les
Iflandois payent tout ce qu'ils achetent avec leurs
denrées ou marchandifes du pays. On n'y connoît
prefque point l'argent. Toutes les ventes, tous les
acquets, en un mot, toutes les affaires fe traitent en
poiffons, & on paye en conféquence de l'évaluation ;
une aune de tabac vaut un poiffon. Ainfi l'on peut
regarder le poiffon & le tabac comme la monnoie
courante d'Iflande.

Gouverne-
ment.

    Il me refte à parler du gouvernement d'Iflande.
Cette ifle eft divifée en quatre parties ou provinces ;
celles du nord, de l'eft, du fud & de l'oueft. Ces provinces font divifées en cantons, gouvernés par des
baillifs. Il y a dix-huit ou vingt cantons, dont chacun renferme quinze ou feize paroiffes. Toutes ces
paroiffes font dirigées par deux évêques ; l'un gouverne la partie feptentrionale, & l'autre la partie mé-

ridionale. Le fiege du Confeil fouverain fe tient à
Beffefted, fous la direction d'un grand baillif qui y
réfide. Le Roi entretient auffi, pour la perception de
fes droits, un fénéchal qui demeure également à Beffefted. Ces deux officiers principaux rendent compte
au gouverneur-général d'Iflande, qui fait toujours fa
réfidence à la cour de Copenhague. Voilà tout ce que
je puis dire d'intéreffant au fujet de l'Iflande, pour ne
point m'écarter des bornes que je dois me prefcrire.
Je reprends la fuite de mon journal.

TROISIEME PARTIE.

Contenant la route d'Iflande à Bergues ; la defcription de Bergues , de la Norvege , & des peuples fitués au nord de la Norvege.

COMME j'avois ordonné à tous les pêcheurs que le coup de vent du 29 mai avoit fait relâcher à Patrixfiord, d'inftruire toute la flotte que je demeurerois encore quinze jours en cette rade , pour être plus à portée de donner du fecours aux bâtimens qui en auroient befoin , & pour ne pas les mettre dans le cas de me chercher à tâtons dans la brume, je reftai en effet dans la même pofition jufqu'au 15 juin. Je dirai ici en paffant que tout bâtiment du Roi qui fera envoyé en Iflande pour protéger la pêche , ne fera jamais plus utile que lorfqu'il fera dans un port où il aura donné un *rendez-vous* général à tous les bâtimens qui pourroient avoir befoin de fecours ou de réparation; car la pêche d'Iflande eft fi étendue, qu'il faudroit quatre frégates pour la protéger, & il regne en ces parages des brumes fi épaiffes , qu'il n'eft pas quelquefois poffible de voir un bâtiment à une portée de fufil.

Appareillage de Patrixfiord. Le 15 juin au matin , voyant apparence de vent de fud, je fis porter une petite ancre avec un grêlin

au

au fud-fud-oueft, pour pouvoir appareiller facilement
& promptement, foit en levant cette petite ancre avec
ma frégate, foit en la laiffant lever à ma chaloupe.
La force de la tenue, la profondeur de l'eau &
l'enfoncement de l'anfe où j'étois m'engagerent à
faire cette manœuvre. Il fit calme toute la journée,
je levai mes deux groffes ancres après midi, & le foir
à neuf heures, les vents étant de la partie du fud,
je mis à la voile. Je n'embarquai mes bâtimens
à rames que lorfque je fus en-dehors des pointes
qui font à l'entrée de la baie, parce que je pouvois
en cas de calme en avoir befoin pour me remorquer.
J'ai oublié de dire qu'il y a au fud de la pointe méridionale de Patrixfiord, en-dehors, une anfe de fable jaune, qui fait une reconnoiffance de quatre lieues
& qui fert de marque pour cette partie.

Le 16, je fis des relevemens le long de la côte. Le
17 & le 18, les vents varierent du oueft-nord-oueft
au fud-oueft foibles avec de la brume. Le 19, étant
en la partie de la mer, & en l'endroit même où
il a exifté autrefois plufieurs ifles affez confidérables fous le nom d'*ifles de Goubermans*, je fis fonder,
& je trouvai cent quarante braffes d'eau fond de vafe
& mêlé d'herbes.

Le plan de ces ifles a été levé par des ingénieurs
danois, qui ont fait la carte d'Iflande. Les infulaires,
c'eft-à-dire les Iflandois racontent qu'elles exiftoient
au nombre de neuf; qu'elles n'étoient qu'à quatre

Difparition
des ifles de Gou-
bermans.

I

lieues de la grande ifle , & qu'elles avoient été englouties dans un tremblement de terre ; ce qu'il y a
de certain , c'eft qu'elles font encore fur toutes les
cartes , qu'il n'en refte plus de veftiges , & que c'eft
l'endroit de la mer , où il y a fur la côte le plus de
profondeur. Au refte il n'eft pas plus difficile de fe
figurer que ces ifles ont été englouties par des tremblemens & des incendies de terre , que d'imaginer que
l'Iflande même eft une production des feux fouter-
rains, comme le penfe un célebre phyficien (a), qui
prétend que les volcans lui ont donné naiffance , &
que c'eft un enfant de la terre. Le même jour à midi, ayant obfervé la latitude, je vis que j'étois exactement fous le cercle polaire ; je voulus continuer ma
route au Nord , mais je fus arrêté par une chaîne de
glace, qui s'étendoit depuis le cap de nord jufqu'où la
vue pouvoit porter dans le nord-oueft. Je ne voulus
pas m'y engager avec une frégate foible d'échantillon
qui faifoit de l'eau, & qui, par fa grande longueur,
étoit difficile à manœuvrer dans les glaces. Je jugeai
donc à propos de regagner au fud ; & comme j'étois
obligé de relâcher en quelque port pour avoir du
bois & des rafraîchiffemens, je choifis, pour aller à
Berguè en Norvege , le tems que les pêcheurs alloient employer à chercher un paffage dans les gla-

---

(a) Egerhardus ola. de igne fubterraneo , pag. 14.

ces pour gagner l'ifle Grims & la pointe de Langernefs.

Le 20 à minuit, comme nous faifions route au
oueft-fud-oueft pour paffer au large des ifles aux Oifeaux, les vents au nord-eft avec de la brume, on
cria du gaillard-d'avant que nous étions fur les glaces. En effet, au même inftant, je vis à tribord de gros
morceaux de glace, qui faifoient partie d'une ban-
quife dont l'extrémité étoit devant moi. Je vins tout-
à-coup fur bas-bord pour la doubler au vent, & j'en
paffai fi près que j'acoftai plufieurs morceaux détachés qui ne nous firent point de mal, quoique la frégate en reffentît de rudes fecouffes. Il eft à propos de
faire ici mention de quelques manœuvres qui pourront être utiles à ceux qui fe trouveront pour la premiere fois engagés dans les glaces. Il n'eft pas étonnant qu'ils foient effrayés à l'afpeƈt de ces maffes
énormes, qui fe briferont fouvent autour d'eux avec
un fracas épouvantable; leur crainte s'évanouira lorfqu'ils fauront que les vaiffeaux ont cherché fouvent
un afyle dans les glaces, ou que des navigateurs s'y
enfoncent pour fe mettre à l'abri de la tempête; parce
qu'au milieu des glaces, la mer eft toujours belle, &
qu'on y eft comme dans un port. Mais il faut avoir
l'attention de garnir le vaiffeau avec des bouts de vieux
cables, des matelats & des paillaffons. On peut auffi
s'amarer le long d'une glace en y enfonçant des chevilles de fer de cinq pieds de longueur, fur lefquelles che-

I ij

Glaces.

Manœuvres
au milieu des
glaces.

villes on porte des grêlins qu'on a foin de roidir à bord , & à l'avant & à l'arriere du bâtiment par le moyen du cabeftan. Au défaut de chevilles de fer, on fe fert de grapins & de pinces qu'on enfonce dans la glace à coups de maffe. On ferre ou on cargue les voiles , & l'on fe trouve amarré comme le long d'un quai. Il faut prendre garde de s'amarrer à une glace trop élevée ; car on en voit de hautes qui fe brifent & capottent continuellement. Lorfque la vue d'une ouverture dans les glaces , un changement de vent , ou le voifinage d'une côte engagent à virer de bord , on manœuvre le vaiffeau par le moyen des amarres comme dans un port. Si l'on veut fe frayer une route dans les glaces pour y entrer ou pour en fortir , on prend deux mâts d'hune de rechange , on amarre les deux gros bouts fous les portes-haubans de mi-faine , & l'on forme avec les deux petits bouts une fourche en avant de la proue , laquelle fourche eft foutenue par un amarrage fous le mât de beaupré : cette fourche fert à écarter les glaces en avant du bâtiment. Si l'on ne juge pas à propos de fe fervir de cet appareil, on choifit un morceau de glace un peu moins élevé que la proue , on gouverne fur lui à petites voiles ; & lorfqu'on le tient fous l'épron ou le taille-mer, on force alors de voile. Ce morceau de glace qui eft chaffé par le vaiffeau, chaffe à fon tour toutes les glaces qui s'oppofent au paffage du bâtiment, qui , par ce moyen , ne fouffre aucun dommage.

Le 21, le 22 & le 23, les vents variant continuellement, & la mer groffe, je gouvernai au fud-fud-
ouest & fud-ouest quart de fud; & le 23 à minuit, m'eftimant à dix lieues à l'ouest de la plus au large des
ifles aux Oifeaux, je fis fonder, je trouvai deux cens
cinq braffes d'eau fond de fable noir comme la poudre
à canon. La qualité du fond me fit reffouvenir qu'un
capitaine pêcheur avoit rapporté qu'il avoit trouvé
une roche dans le nord-ouest des ifles aux Oifeaux,
diftance de fept lieues, qu'il avoit fondé tout à l'entour & trouvé vingt braffes d'eau fond de fable noir.
La reffemblance du fond que j'avois trouvé avec celui des environs de la roche femble en confirmer
l'exiftence.

Conjecture fur une roche.

Avant de m'éloigner de l'Iflande, il eft bon de
faire part au lecteur des connoiffances que j'ai pu ac-
quérir, concernant les ports qui font fitués à l'ouest
& au nord de cette ifle. Je commencerai par *Adelfiord,*
qui eft au nord de Lufbaye, & je continuerai de même
jufqu'à la pointe de Langernefs. Adelfiord ou la baie
qui porte ce nom, eft très-grande & très-profonde,
mais le mouillage n'y eft point bon pour de gros
vaiffeaux, parce que la côte eft très-efcarpée, & qu'il
faut mouiller très-près de terre. Les pêcheurs étant
mouillés, ont la poupe à une fi petite diftance de la
côte, que les équipages vont à terre par le moyen
d'un planche.

Defcription des ports de l'ouest & du nord de l'Iflan- de.

La baie de Direfiord eft auffi belle & auffi grande

que celle de Lufbaie , il n'y a aucun danger pour y
entrer , il faut seulement prendre garde aux rafales
qui viennent par les gorges , comme je l'ai dit en
parlant de Patrixfiord. Par-tout le mouillage est bon
pour des vaisseaux de guerre. Il y a au fond de la
baie deux pointes en pain de sucre qu'on prend de
loin pour deux isles pyramidales , & qui font reconnoître la baie de Direfiord quand on vient du large.

La baie de West-Norderfiord est aussi grande que
la derniere ; il y a bon mouillage dans la premiere
anse à bas-bord en entrant, mais il ne convient qu'à
des bâtimens qui comptent en partir incessamment ,
& il vaut mieux s'enfoncer davantage pour être plus
à l'abri. On trouve vingt-cinq brasses d'eau au milieu
de la baie ; mais dans le fond, on mouille par seize
& dix-huit brasses (bonne tenue) : il y a des roches à
stribord & à bas-bord en entrant , mais elles sont toutes à terre.

La baie de Pikhol est trop ouverte , elle ne convient qu'à des pêcheurs ou à de petites corvettes, il
faut aller mouiller près de la maison du ministre, &
se mettre à couvert par la pointe du nord. On y est
mouillé par douze brasses d'eau fond de sable fin.

La baie de Bolk-Bogt est plutôt un golfe qu'une
baie ; elle est peu connue. Les pêcheurs s'y enfoncent rarement ; cependant un patron ou maître
m'a dit qu'il a été une fois au fond de la baie , & qu'il
avoit trouvé derriere une pointe qui s'avance un

ancrage excellent fous la maifon du facteur de la Compagnie ; il m'a même ajouté que s'il étoit obligé d'hiverner en Iflande , il choifiroit cet endroit par préférence.

La rade de Seertel-Baie eft très-belle , il y a bon mouillage pour tout bâtiment : on peut mouiller à ftribord en entrant après avoir doublé une pointe , mais le meilleur ancrage eft au pied d'une coupure très-remarquable au fond de la rade. On reconnoît cette rade par une colline de fable gris qu'on voit de très-loin.

On mouille dans la baie de Rakol par douze braf-fes d'eau fond de fable. On y eft à couvert des vents de la partie du fud & de l'eft, mais d'un vent de nord & d'oueft , on y feroit très-expofé.

La rade de Rakbaye eft très-grande & très-bonne ; cinquante vaiffeaux de guerre y feroient très-bien mouillés ; le meilleur endroit pour jetter l'ancre eft du côté du fud dans le fond de la baie à une demie lieue de terre. On y trouve du bois de dérive , même des arbres entiers que la mer jette fur le rivage.

Le cap de nord eft à ftribord en fortant de Rakbaye. A l'eft du cap de nord, du côté du golfe d'Orgel-Bokt, il y a un faut ou une riviere qui fe précipite à gros bouillons d'écume , & avec grand bruit ; c'eft une marque de reconnoiffance fur cette côte. Ce fault ou cette riviere fe nomme *Watalope*.

Dans tout le golfe d'*Orgel-Bogt*, il n'y a que la baie

d'*Eft-Norderfiord* où une frégate puiffe fe réfugier ; fon mouillage eft à ftribord en entrant à deux cables de terre fous les cabanes des Iflandois. Les pêcheurs vont mouiller au fond de la baie , mais il faut paffer une barre fur laquelle il ne refte à baffe-mer qu'onze pieds d'eau. La mer y jette auffi des bois ; dans cette baie eft une riviere où l'on prend beaucoup de faumons. A la pointe orientale du golfe , il y a une batture ou une chaîne de roches qui porte plus au large qu'elle n'eft marquée fur les cartes hollandoifes. A l'eft de cette chaîne de roches , on voit quatre ifles affez hautes & très faines ; la quatrieme eft à l'entrée de la baie de *Klipbaye* où l'on peut mouiller près de terre ftribord ou bas bord , mais il faut prendre garde à un grand banc qui tient le milieu de la baie , & ne permet pas de louvoyer. A l'eft des quatre ifles dont je viens de parler , on voit une grande ifle plate qui fe nomme *Ulakiland*, au pied de laquelle il y a un mouillage dans l'oueft. Cette ifle eft dans le fud-quart-fud-eft, corrigée de l'ifle Grims où l'on mouille dans la partie méridionale. On y eft à couvert des vents de la partie du nord , mais il faut être prêt à appareiller lorfqu'ils viennent à fouffler du fud-eft ou du fud-oueft. Les marées y font très-fortes , leur direction eft *eft* & *oueft*. On trouve un bon mouillage à la pointe de Roodehoek à l'abri des vents du fud-eft par dix braffes d'eau fond de fable au fud d'une roche ronde , qui eft faine & très-remarquable. Il y a

auffi

auſſi bon mouillage à Oudeman de tout vent de ſud ;
mais ſi le vent vient de la partie du nord, il faut mettre à la voile. Voilà ce que j'ai appris des pratiques
que j'avois à bord, & de pluſieurs pêcheurs de morue, avec qui j'ai ſouvent eu des entretiens relatifs à
la matiere que je viens de traiter. Je parlerai plus bas
des ports ou rades de la partie de l'eſt de l'iſle.

Je crois qu'en liſant ce journal perſonne ne ſera
ſurpris que je faſſe des obſervations, & que j'entre à
minuit, comme à midi, dans tous les ports d'Iſlande.
Perſonne n'ignore que dans la ſphere paralelle, ou
ſous les pôles, on a ſix mois de jour & ſix mois de
nuit ; que plus on approche du pôle, plus les jours &
les nuits ont de durée, ſelon les ſaiſons. Tout le
monde ſait auſſi que, par la réfraction, le ſoleil nous
éclaire, quoiqu'il ſoit ſous l'horiſon ; que cette lumiere s'appelle crépuſcule ; que le lever ou le cou-   Jour continuel.
cher du ſoleil fait le crépuſcule du matin, ou le
crépuſcule du ſoir ; & qu'enfin plus l'obſervateur
s'éloigne de l'équateur & approche des pôles, plus
il y a de crépuſcule. Ainſi l'on comprend ſans peine
qu'en Iſlande, qui s'étend au nord juſques ſous le cercle polaire, on jouit à la faveur du crépuſcule d'un
jour continuel à pouvoir lire & écrire à minuit, depuis
le mois de mai juſqu'au mois de ſeptembre, & que le
ſoleil ne ſe couche pas, & reſte ſur l'horiſon huit jours
avant, & huit jours après le ſolſtice d'été, c'eſt-à-dire
à-peu-près depuis le 12 juin juſqu'au premier juillet.

K

Le 24, les vents varierent & firent le tour du compas, tantôt foibles & tantôt violens, mais la mer toujours groffe. Je gouvernai au fud-quart de fud-oueft ; & le 25 à midi, j'étois par 60 degrés 58 minutes de latitude, & par 19 degrés 30 minutes de différence occidentale du méridien de Paris. En pointant ma carte, je vis que la partie du fud des ifles de Ferro me reftoit à l'eft trois degrés nord, diftance de cent dix lieues fur la carte de M. Bellin, & rapportant mon point fur les cartes hollandoifes, la même partie du fud des ifles de Ferro me reftoit à l'eft-nord-eft diftance de quarante-deux lieues, ce qui fait foixante-huit lieues de différence en longitude, ou environ fept degrés fur ce paralelle. La roche du fud de ces ifles eft, fuivant M. Bellin, par 61 degrés 17 minutes de latitude, & la carte hollandoife la place par 61 degrés 44 minutes, c'eft-à-dire 27 minutes plus nord. Ces différences, tant en latitude qu'en longitude, me furprirent & me mirent dans l'incertitude fur la direction de la route, mais je me décidai à atterer fur la pointe méridionale des ifles de Ferro, fuivant la latitude que lui donnoit M. Bellin. Je dirigeai ma route en conféquence, & j'obfervai le foir au coucher du foleil la déclinaifon de l'éguille aimantée que je trouvai de 23 degrés 30 minutes.

Le 26 à midi, ayant fait 43 lieues à l'eft-fud-eft avec un vent d'oueft frais, j'obfervai la latitude que je trouvai comme la veille de 60 degrés 58 minutes,

& j'étois par 14 degrés 58 minutes de différence occidentale du méridien de Paris. Comme je n'avois
point de différence en latitude, après avoir gouverné
depuis vingt‑quatre heures à l'eſt‑ſud‑eſt avec atten‑
tion, je conjecturai que la variation n'étoit que de
deux airs de vent ou de 22 degrés 30 minutes.   *Variation eſti‑mée.*

Le 27 à trois heures du matin, ayant couru de‑
puis le 26 à midi à l'eſt‑quart‑ſud‑eſt avec des vents
de nord, & de nord‑nord‑oueſt très‑frais & la mer
mâle, nous eûmes connoiſſance des iſles de Ferro.
Je paſſai à deux lieues dans le ſud d'une roche qui
eſt auſſi au ſud de ces iſles, & qui me parut à une
lieue de terre. Je remarquai des briſans à une demi‑
lieue de cette roche. A midi, je pris hauteur ſous la
terre, & je connus, en faiſant cadrer ma latitude ob‑
ſervée, mes routes & mes relèvemens, que ces iſles
ſont bien placées ſur la carte de M. Bellin. J'ai tiré
deux vues de ces terres qui ſerviront à les reconnoî‑
tre. Voyez planche II. fig. 6 & 7. MM. Sauveur &   *Planche II. fig. 6 & 7. V. pag. 17.*
Penne, qui ont mis au jour le *Neptune François*, mar‑
quent dans la table des marées, qui ſe trouve à la
tête de leur ouvrage, que la mer eſt pleine aux iſles
de Ferro dans les nouvelles & pleines lunes à douze
heures. Nous trouvâmes 18 degrés de variation ob‑
ſervée par deux hauteurs correſpondantes. Après
avoir doublé les iſles de Ferro, je dirigeai ma route
pour paſſer au Nord & à vue des iſles de Schettland,
mais n'en ayant point connoiſſance le 28 à quatre

K ij

heures du matin, & jugeant par le chemin que j'avois fait que je les avois dépaſſées, (car j'avois toujours couru à l'eſt quart-ſud-eſt), je fis gouverner au ſud-eſt - quart - d'eſt pour aller à Bergues. Je crois que dans le trajet des iſles de Ferro à celles de Schettland les courans m'ont porté nord. Je dois auſſi obſerver que j'ai eu dans ce trajet deux flots contre un juſant.

Le 29, les vents toujours de la partie du nord-oueſt très - grand frais, la mer très-groſſe, avec une brume épaiſſe. Je ne voulus point par un pareil tems aller attaquer les côtes épineuſes de Norvege. Je tins ſous les deux baſſes - voiles, & je m'occupai à ſonder en attendant un tems plus favorable.

Le 30 à cinq heures du matin, le tems s'étant éclairci & le vent étant moins fort, je mis le cap à l'eſt-ſud-eſt les vents au nord, pour aller chercher la terre ; mais ayant obſervé à midi 59 degrés 12 minutes de latitude, je vis que j'étois trop ſud pour entrer par la paſſe de Cruxfiord, qui eſt la moins longue & la plus fréquentée ; je tins le vent, il étoit nord, & je gouvernai à l'eſt-nord-eſt. Comme j'étois par la hauteur 18 minutes plus ſud que par mon eſtime, je cherchai la cauſe de cette différence dans la poſition des iſles & des côtes dans la mer du Nord, qui, par leur giſſement, ordonnent la marche des courans de la maniere ſuivante. Pendant le flot, la mer vient du oueſt - ſud - oueſt frapper les iſles de

Schettland, & changeant de direction dans le jufant, reflue au fud-fud-eft en variant fon cours felon le giffement des côtes jufqu'au pas de Calais ; mais ces eaux y rencontrant un nouveau flot, retournent & fe portent fur les côtes de Juttland, qui les réfléchit & les renvoie au cap Derneus, d'où elles prennent leur cours, leur direction & leur mouvement au Nord, felon le giffement des terres de Norvege. Voilà, fuivant mon opinion, la caufe du courant qui porte toujours au fud fur les côtes de Schettland & du courant, qui porte toujours au nord fur les côtes de Norvege : ce mouvement général des eaux n'empêche pas le mouvement particulier & du flux & du reflux en chaque endroit. C'eft ici le lieu de placer les remarques que j'ai faites, pour favoir avec certitude, par le moyen de la fonde, fi l'on approche les ifles de Schettland ou les côtes de Norvege, ce qui eft très-intéreffant pour les bâtimens qui croifent & qui naviguent en ces mers où il regne des brumes prefque continuelles.

Lorfqu'on eft dans le milieu du canal, entre les ifles de Schettland & la côte de Norvege, ou qu'on n'en eft guères écarté, on trouve foixante-cinq, foixante-dix ou foixante-quinze braffes d'eau fond de fable net & fin. Lorfqu'on approche les ifles de Schettland, le braffiage ne diminue pas, il augmente même en certains endroits ; mais le fond change, le fable devient plus gros, plus noir, & il eft plus mêlé de

gravier à mesure qu'on approche ces isles. Au contraire lorsqu'on approche les côtes de Norvege, le
brassiage augmente sensiblement, le fond se détrem-
pe, le sable est plus mêlé de vase, & cette vase est
plus claire à mesure qu'on approche la terre de Norvege. Ce canal est nommé par les marins le grand
Entonnoir, & ils nomment petit Entonnoir le passage entre les orcades & les isles de Schettland au
nord, ou au sud de la petite isle Fairehil qui est au
milieu.

Le premier juillet à trois heures du matin, ayant
gouverné à l'est-nord-est avec un vent de nord foible,
depuis la veille à midi j'eus connoissance de terre ;
il faisoit un calme profond, & la nature étoit, pour
ainsi dire, engourdie ; mais le soleil en paroissant &
en s'élevant sur l'horison la ranima, & nous donna
du vent ; c'est ce qu'on éprouve souvent dans la zone
torride ; en voici la raison.

Cause du vent
que le lever du
foleil fait naî-
tre. Pendant tout le jour le soleil par sa chaleur détache & fait partir de dessus les plaines, & sur-tout de
la surface de la mer, des particules aqueuses & des
bulles d'air rarefié qu'il éleve loin de la terre. Celles
qui partent les dernieres, retombent presqu'aussitôt
par l'absence du soleil, elles se rapprochent dans leur
chûte, & forment cette premiere fraîcheur de la nuit
qu'on nomme serain ; mais toutes les autres bulles
qui, pendant la longue durée du jour, ont franchi
l'air grossier, & se sont mises en équilibre avec les

dernieres couches de cet air dans une région fupérieure y demeurent fufpendues pendant le calme de la
nuit ; aux approches du foleil , les premiers traits de la
chaleur venant à fe faire fentir dans l'air refroidi & re-
ferré le dilatent néceffairement. Une maffe d'air dilatée
par le chaud en pouffe une autre qui trouve la réfiftance d'une troifieme : cette émotion de l'air devient
un vent , & l'atmofphere en eft plus ou moins ébranlé.

A huit heures , étant encore à trois lieues de la
côte , il vint à mon bord des pilotes norvégiens , qui
me dirent que j'étois beaucoup plus fud que la paffe
de Cruxfiord , mais qu'il y avoit une paffe à deux
lieues dans le nord de l'endroit où j'étois , & que fi
je pouvois en louvoyant (le vent étoit nord) m'élever de deux lieues , ils me mettroient dans un très-
bon mouillage en attendant le vent de la partie du
fud pour monter à Bergues. Je commençai donc à
louvoyer , pour gagner au vent. A midi , j'obfervai
la latitude ; & à quatre heures , il s'éleva un orage
dans la partie du nord-eft , qui détermina les pilotes
norvégiens à arriver pour aller chercher la paffe du
nord de l'ifle de Bommel , par laquelle ils me mene-
rent mouiller à Ingefon. Comme les mouillages à la
côte de Norvege , c'eft-à-dire dans les lits de Bergues ,
font difficiles , & qu'ils demandent de grandes précautions. Je vais détailler tout ce que j'ai fait pour
mouiller ; il faut auparavant inftruire le lecteur des
obfervations que j'ai faites fur la côte.

Variation. Je m'assurai d'abord de la variation par trois différentes observations ; l'une ortive, l'autre azimutale, & la troisieme méridienne. Le rapport de ces trois observations me démontra que la déclinaison de l'éguille aimantée est de 17 degrés 50 minutes sur les côtes de Norvege sous l'isle de Bommel. J'observai la latitude à midi, & je connus par celle des relevémens que l'isle Bommel est 15 minutes plus nord qu'elle n'est marquée sur la carte à grands points du *Neptune*. J'ai fait la même observation dans ma seconde campagne, & j'ai trouvé que toute la côte de Norvege est plus nord de 15 minutes qu'elle n'est marquée sur la carte en question. Enfin je remarquai que les terres extérieures & au large des lits de Bergues se ressemblent presque toutes. Ce sont par-tout des roches de la même hauteur, également hachées & configurées ; ce qui rend cet attérage très-difficile, puisqu'il n'y a qu'une grande habitude qui puisse faire connoître le lieu où l'on prend terre. On peut dire que dans une étendue de douze lieues de côte du côté où j'ai attéré, il n'y a que le mont Bommel en l'isle de ce nom qui soit remarquable. J'en ai tiré la

Planche II. vue, voyez planche II. fig. 8. Les terres du continent
fig. 8.
V, pag. 17. ne peuvent guères servir de reconnoissance ; parce qu'elles sont presque toujours embrumées, couvertes de neige, & d'ailleurs très-reculées. Il y a plusieurs passes pour entrer dans les lits ou la riviere de Bergues. Depuis l'isle de *Schuttness* jusqu'à la ville de

Bergues,

Bergues, on compte seize milles danois (*a*), qui font environ trente lieues de France ; & dans cette étendue de côte, il y a huit passages pour entrer dans les lits de Bergues. En venant du large du côté du nord de Bergues, il y a aussi deux passes très-fréquentées ; la plus nord de ces deux passes n'est qu'à six milles danois de la ville. Au nord de ces deux passes, il y en a encore quelqu'autres, mais elles sont si peu connues, si peu fréquentées, & si difficiles, qu'il ne faut pas les compter.

Voici le nom de toutes les passes, à commencer par la plus méridionale : 1°. Stavangerfiord, près de Stavanger, à seize milles danois de Bergues ; 2°. Schuttnefs, qui est le commencement des lits, à quatorze milles ; 3°. Udcire à treize milles ; 4°. Bommelfiord à onze milles ; 5°. Solmenfiord à cinq milles ; 6°. Papefiord à quatre milles ; 7°. Cruixfiord à trois milles ; 8°. Jettefiord à près de trois milles à l'ouest de la ville.

Les deux passes ou ouvertures fréquentées du côté du nord sont 1°. Herlefiord ; cette passe est entre deux isles très-avancées en mer, connues sous les noms de *Henne* & de *Feyer*, à cinq milles de la ville (*b*). 2°. Foensfiord ; il y a dans le milieu de cette seconde passe une petite isle haute, connue sous le

____

(*a*) Le mille danois vaut environ deux lieues de France.
(*b*) Cette passe s'appelle aussi Hennefiord ou Hennegat.

L

nom d'*Holmen-Graac*. On en prend connoiſſance pour approcher la terre : cette paſſe eſt à ſix milles de Ber-gues. On voit, par ce que je viens de dire, qu'il vaut mieux attérer au ſud qu'au nord, parce qu'il y a plus de paſſes dans la partie méridionale, qu'elles ſont plus faciles & que les courans portent au nord le long de la côte ; au reſte, le vent doit décider, mais je crois que la meilleure latitude pour prendre terre eſt celle de 59 degrés 40 minutes.

Remarques ſur l'attérage de Norvege.

On peut approcher la terre ſans rien craindre, elle eſt très-ſaine, la côte de Norvege préſente par-tout un aſpect effroyable, c'eſt une chaîne continuelle de rochers dont la vue fait frémir, mais rien ne doit em-pêcher d'acoſter ; car, comme je l'ai déja dit, on peut ranger ces rochers de fort près, & quand on eſt à deux lieues de terre, il vient toujours des pilotes norvégiens à bord, à moins qu'il n'y ait une tem-pête ; mais, dans un tems ordinaire, les pilotes vont juſqu'à trois lieues au large joindre les bâtimens qui arrivent : ils nagent même à l'envi pour gagner de vîteſſe ; mais le premier canot qui peut jetter une rame à bord d'un navire, a droit de le piloter, & toutes les autres yolles, ou petites chaloupes norvé-giennes, ſe retirent non cependant ſans demander du biſcuit ou de l'eau-de-vie qu'ils aiment beaucoup.

J'ai dit que de tout tems on pouvoit aller chercher la terre, cependant s'il faiſoit de la brume, & ſi les vents étoient de la partie du oueſt - nord - oueſt gros frais, je ne conseillerois pas fans un befoin urgent de courir fur la côte, attendu que par un vent d'oueft-nord-oueft il n'y a pas moyen de fe relever. Pour faciliter cet attérage, j'ai jugé à propos de faire graver un plan de cette côte qu'on m'a donné, j'ai eu foin d'y joindre les corrections que mes deux campagnes m'ont mis à portée d'y faire. Ce plan fera comprendre tout ce que j'ai dit des différentes paffes ; on fe fait mieux entendre quand on peut parler aux yeux. Voyez planche VIII. Quoique ce plan ne contienne Planche VIII; point les quatre premieres paffes du fud, ni les trois paffes du nord, il comprend cependant environ vingt lieues de côte en la partie la plus effentielle.

Je reviens à mon mouillage d'Ingefon, & comme tous ceux qu'on eft obligé de faire dans la riviere de Bergues exigent des précautions, je vais détailler la manœuvre que j'ai faite pour mouiller à Ingefon ; elle fervira d'inftruction pour tous les bâtimens qui feront dans le cas de monter à Bergues, qui eft le port de la mer du nord qui fournit le plus de reffour-ces (a). D'ailleurs on peut être forcé de donner dans les paffes fans pilotes, foit par l'ennemi fupérieur, foit par la tempête, & ce que je vais dire, joint au plan de la côte, fera, je crois, d'une très - grande utilité.

____

(a) Il y a à Bergues une mâture, une belle corderie, & on y trouve des vivres & des rafraîchiffemens.

Lorfqu'on vient du large avec un vent de la partie du nord , & qu'on releve le mont Bommel à-peu-près au fud - eft du compas ; diftance de fix à huit lieues , il faut continuer fa route en ferrant le plus près , afin de fe trouver au vent & au nord de l'ifle Bommel. Environ une lieue de terre , on appercevra une ouverture entre les rochers , & c'eft la paffe de Solmenfiord qui eft à cinq milles de Bergues.(a). Je fuppofe le lecteur à l'entrée de la paffe , & je le prie de fuivre la manœuvre que je fis. Les vents étoient nord , je ferrai les iflots & les roches de la partie du nord , dont je paffai à la longueur de deux cables pour éviter des pierres qui font fous l'eau au milieu de la paffe , & que je laiffai à ftribord fous le vent. Lorfque je fus à un quart de lieue de l'ifle *Rootholm*, je fis arriver pour arrondir cette ifle & la prolonger au fud jufqu'à ce que je puffe découvrir une ouver-ture à ftribord fous le vent , alors j'arrivai tout-à-fait pour donner dans cet enfoncement en faifant le fud & le fud-quart-fud-eft. Je m'enfonçai dans cette anfe, & lorfque je fus à la longueur d'un cable du fond de la baie , je laiffai tomber l'ancre de bas-bord , je mis la barre à ftribord pour venir au vent en filant du ca-ble. Auffitôt que j'eus mouillé , & que la frégate eut fait tête , j'envoyai à terre à la côte de l'eft un grêlin

Mouillage à Ingefon.

_____

(a) Cette paffe a plus d'une lieue de large , & j'y ai louvoyé dans ma feconde campagne.

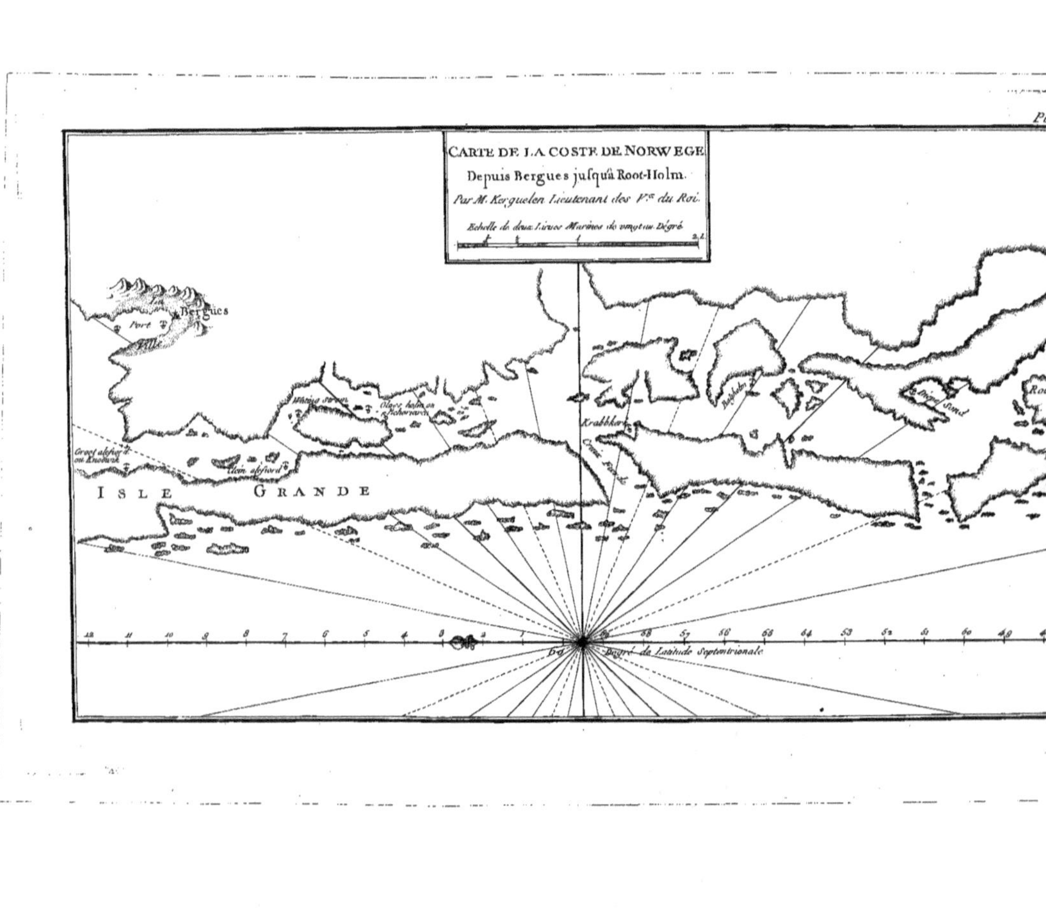

CARTE DE LA COSTE DE NORWEGE
Depuis Bergues jusquà Root-Holm.
Par M. Kerguelen Lieutenant des V.ux du Roi.
Echelle de deux Lieues Marines de vingt au Dégré.
2. L.
Bergues
Port
Ville
Groot alsfiord ou Knobuel
Klein alsfiord
Whttys strom
Olave holm ou Picharaven
Krabbhar
Bagholm
Le Petit Duul
Root
ISLE GRANDE
Degré de Latitude Septentrionale
Pl.

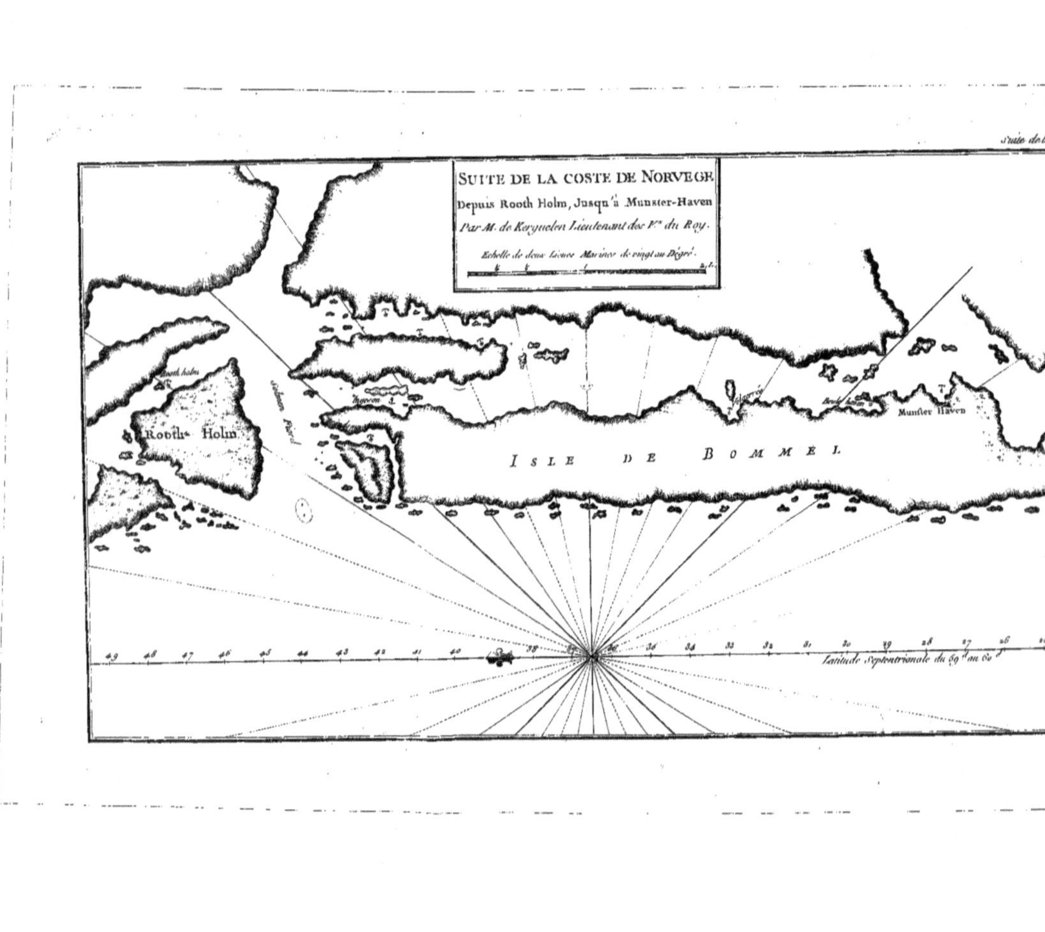

SUITE DE LA COSTE DE NORVEGE
Depuis Rooth Holm, Jusqu'à Munster-Haven
Par M. de Kerguelen Lieutenant des V.x du Roy.
Echelle de deux Lieues Marines de vingt au Degré.
Rooth holm
Rooth Holm
Nieren I.
Munster Haven
ISLE DE BOMMEL
Latitude Septentrionale du 59.d au 60.e
Suite de la
49 48 47 46 45 44 43 42 41 40 39 38 37 36 35 34 33 32 31 30 29 28 27 26 25

qui fut amarré à ftribord de l'arriere : par ce moyen le bâtiment n'évite pas, mais il eft en fûreté. La groffe ancre eft mouillée par dix-huit braffes d'eau fond de fable & gravier, il y a fix braffes d'eau fous le bâtiment, & comme le fond monte en talus, il ne faut que quarante-cinq braffes de cable dehors, y compris la fourrure. Le grêlin eft amarré à terre à une groffe roche taillée pour cet effet. Il faut avoir foin de le fourrer & de vifiter fouvent le cable, car il y a des roches en plufieurs endroits fur le fond. La marée n'y eft point forte. La mer y marne de huit pieds ; les marées font de fix heures. J'oubliois de dire qu'il faut prendre vingt-cinq braffes de biture en venant au mouillage, il faut encore être prêt à filer du cable quand l'ancre eft à fond, afin que le bâtiment puiffe éviter aifément en courant fur fon air. De plus, on doit avoir une autre ancre parée à mouiller promptement en cas que la premiere ne tienne pas ; il eft inutile de recommander qu'il faut venir au mouillage avec le moins d'air qu'il eft poffible. J'ai dit qu'on étoit bien amarré avec un grêlin de l'arriere ; car, auffitôt que le vent vient de la partie du fud, on appareille pour monter à Bergues. Si les vents étoient du fud-fud-oueft, il feroit prudent d'avoir un fecond grêlin de l'arriere à bas bord à la côte de l'oueft pour contretenir.

Précautions pour ce mouillage.

Lorfque l'on veut appareiller, on file des grêlins en virant fur le cable, on leve l'ancre, on la caponne,

Appareillage
d'Ingeson.

on borde les huniers & le perroquet de fougue, on coupe ou l'on file les grêlins; on laiffe enfuite un bâtiment à rames pour les lever & les porter à bord.

Le 2 & le 3, il fit calme plat. Je m'occupai à lever le plan de cette rade, ou plutôt de ce baffin. L'infpection de ce plan fera mieux comprendre tout ce que je viens de dire. Voyez planche VI. A une portée de fufil de ce mouillage, on trouve, de même qu'à tous les ancrages, le long de la riviere une hôtellerie approvifionnée de viande, de poiffon, d'œufs, de lait, de bierre, & de tout ce que fournit le pays.

Planche VI.

Le 4 à neuf heures du foir, les vents de la partie du fud avec la brume, nous appareillâmes d'Ingeson pour aller à Bergues. Nous fimes environ huit lieues au-travers des roches, dont nous paffions fouvent très-près par une brume très-épaiffe qui abforboit la foible lueur du crepufcule. Dans la route, les pilotes norvégiens me firent remarquer plufieurs mouillages ftribord & bas-bord pour de grands & petits bâtimens, les mouillages, pour les gros bâtimens, font défignés par une ancre fur ma carte des lits de Bergues.

Le 5 à quatre heures du matin, les vents étant au fud-eft calme, nous mouillâmes à Behoriaven, à environ trois lieues marines de Bergues. L'ancre de ftribord tomba par vingt braffes d'eau fond de fable & cailloux. Auffitôt que la frégate fit tête, j'envoyai deux grêlins fur deux organaux de fer, placés à terre pour fervir à amarrer les bâtimens. Il y a des orga-

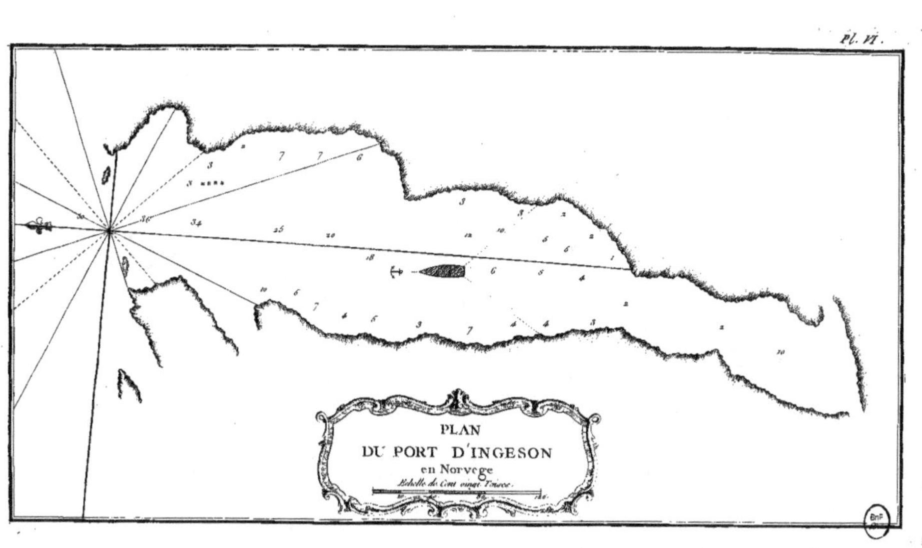

PLAN
DU PORT D'INGESON
en Norvege
Echelle de Cent vingt Toises.

naux pareils le long des lits de Bergues dans tous les
endroits où l'on peut mouiller ; car il ne faut point
croire qu'il y ait mouillage par-tout, quoiqu'on soit
au milieu des terres & des roches ; souvent même il
est nécessaire de faire trois ou quatre lieues pour gagner un ancrage, parce qu'il n'y a pas moins de quatre-vingt à cent brasses d'eau d'un mouillage à l'autre.
A deux heures après midi, les vents étant venus au
sud foibles, nous appareillâmes. Etant sous voile, ils
vinrent au ouest-nord-ouest & nord-ouest. J'eus bien
de la peine à doubler la derniere pointe qui forme
l'entrée de la baie de Bergues du côté de l'ouest, sur
laquelle pointe il y a une balise pour marquer une
roche sous l'eau. Au milieu de la baie, à une lieue du
mouillage, nous éprouvâmes un courant très-violent
qui nous empêchoit d'avancer & nous faisoit rester comme à l'ancre, ayant cependant du vent & toutes voiles
dehors ; ce courant étoit formé par le jusant qui sortoit
des deux baies, qui sont l'une au nord & l'autre au
sud de la citadelle. Je fis armer tous les avirons de la
frégate, & passer en avant les canots & chaloupes
pour la remorquer. Je me tirai à force de voiles &
de rames de ce courant, qui auroit pu me porter sur
la côte du nord. A six heures, je mouillai par neuf
brasses d'eau fond de sable, & la frégate ayant évité
de bout au vent après avoir filé quarante brasses de
cable, échoua sur une grande roche plate, l'unique
danger qui soit à craindre dans cette rade. Il y avoit

Courant vio-
lent dans la baie
de Bergues.

Mouillage à
Bergues.

Roche sous
l'eau.

quatorze pieds deux pouces d'eau fur la roche, mais
la frégate tiroit quatorze pieds trois pouces , & la mer
devoit encore defcendre de quatre ou cinq pouces (*a*) ;
je fis porter auffitôt un grêlin fur un corps mort, qui
étoit au large de mon ancre & qui fert pour l'appareillage des bâtimens, je fis pomper mon eau & virer
fur le grêlin comme fur le cable. Mais tous ces efforts furent inutiles. Il fallut attendre le flot qui nous
releva. Cet accident ne nous feroit point arrivé, fi
les pilotes norvégiens avoient voulu me mouiller plus
au nord, comme je leur avois demandé après avoir
trouvé feize braffes d'eau. Il ne nous en couta que
beaucoup de peine, & par les foins de M. Duchâtel &
de mes officiers il n'y eut aucune confufion ; ce qui eft
affez rare en pareille circonftance. Quand je me vis
à flot : je relevai ma groffe ancre , & je me plaçai à
l'entrée du port. Ma grande touée étoit par dix
braffes d'eau fond de fable & gravier ; mon ancre
d'affourche au fud-eft de la premiere par fix braffes
d'eau fond de vafe. J'envoyai à terre un grêlin que
je fis amarer fur les pilotis du corps-de-garde, & une
petite ancre au nord-eft. Ces précautions me mettoient bien en fûreté , mais j'étois environné de
beaucoup de bâtimens marchands, & ce n'eft pas un
mouillage pour une grande frégate. Les bâtimens de
guerre ont coutume de mouiller à Sanduick, ou bien

____

(*a*) La mer marne de fept à huit pieds dans le port de Bergues.

Ils entrent tout-à-fait dans le port où ils font à quatre amares ; mais lorsqu'on veut s'enfoncer ainfi dans le port, & fe mettre en-dedans de la citadelle , il faut débarquer fes poudres.

Pour éviter la roche fur laquelle j'échouai , il eft effentiel de prendre garde à une balife qui défigne l'endroit où elle fe trouve. Ce qui trompa mes pilotes pratiques, c'eft que la balife avoit été emportée deux heures auparavant par un navire hollandois, qui avoit échoué comme moi fur la même roche ; mais au cas qu'on ne voie point de balife, il faut fe fouvenir que la roche eft dans le fud - eft , diftance d'un demi - cable d'une bouée qui marque le corps mort d'appareillage.

Auffitôt mon arrivée , j'envoyai un officier faluer le commandant de la ville qui réfide au château, je l'allai voir le lendemain avec mon état-major. Nous allâmes auffi voir M. Defcheel, grand - baillif de la ville & territoire de Bergues. Il nous combla d'honnêtetés, & nous fit toutes fortes d'offres de fervice. Nous ne fûmes point fi bien reçus du peuple. Les marchands , les ouvriers & tous ceux à qui il fallut recourir pour les befoins de la frégate nous firent un mauvais accueil. On fuyoit devant nous dans les rues, & l'on refufoit de vendre à mon maître d'hôtel dans les marchés publiques. Nous devions cette reception à la mauvaife conduite de quelques officiers corfaires qui, fous le nom & l'uniforme d'officiers de Roi qu'ils

M

avoient eu la hardieſſe de prendre, avoient commis
tant d'excès dans cette ville pendant la derniere
guerre, que le grand baillif craignant qu'on ne nous
inſultât, fit publier que nous étions de vrais officiers
de Roi, & qu'il falloit avoir des égards pour nous.
Notre façon d'agir & notre diſcipline firent voir qui
nous étions. Un matelot de mon bord ayant pris une
cuillier d'argent dans une auberge étant ivre, je lui
fis donner trois jours de ſuite la cale; & ſi toutes les
dames raſſemblées à un grand ſouper chez Madame
Deſcheel ne m'avoient demandé ſa grace, la puni-
tion auroit été plus longue. Je donnai à dîner à
mon bord à Madame Deſcheel & à toutes les femmes diſtinguées, à l'état - major de la place, aux
officiers de la garniſon, & à tous les notables. Ce
dîner qui fut ſuivi d'un bal, répandit la gaieté dans
tous les quartiers de la ville, où l'on but au bruit du
canon de la frégate à la ſanté des Rois de France &
de Dannemarck; mais malgré cela, le peuple avoit
bien de la peine à oublier qu'un François, capitaine
de brûlot, ou qui ſe diſoit tel, avoit menacé de ca-
noner la citadelle ſur le refus de quelque demande in-
diſcrete, & qu'on avoit plus d'une fois inſulté des
perſonnes du ſexe.

Je ne puis m'empêcher de faire ici une réflexion
ſur la haute idée que le public conçoit de certains in-
trigans, dont tout le mérite conſiſte à dire beaucoup
de bien d'eux-mêmes, qui propoſent les plus grandes

entreprifes, parce qu'ils ne rifquent que de retomber dans le néant d'où ils veulent fortir; & que nous voyons tous les jours échouer avec ignominie, quoiqu'appuyés d'une cabale ignorante & prévenue contre la marine royale. Les preuves de cette aveugle prévention ne font que trop répandues ; on trouve jufques dans le dictionnaire de l'Encyclopédie au mot *marine* des abfurdités indécentes. On y lit l'extrait d'un ouvrage intitulé, *Réflexions d'un citoyen fur la marine.* Cet ouvrage eft fait par un officier, marchand de Dieppe. La qualité de cet écrivain annonce qu'il va dénigrer les officiers du roi. Il dit, « le gentilhomme » marin ne s'honore pas de fon état , il dédaigne l'art » du matelot » *&c.* Je rendrai cependant juftice à la folidité de fes réflexions lorfqu'il parle de la guerre & des armemens : « Le capitaine, dit-il , doit être en- » tierement maître de l'armément de fon bâtiment , » *&c.* Pour faire la guerre aux Anglois, il faut atta- » quer leur commerce, fe contenter de couvrir fes » poffeffions ; c'eft précifément jouer avec le hafard » de perdre fans avoir jamais celui de gagner : c'eft » au commerce anglois feul qu'il faut faire la guerre; » point de paix folide avec ce peuple fans cette poli- » tique ; que l'idée d'une guerre avec nous faffe trem- » bler le commerce d'Angleterre, voilà le point im- » portant. L'ennemi a fait dans la guerre de 1744 » des affûrances confidérables fur nos vaiffeaux mar- » chands ; dans celle-ci peu, & à des primes très-oné-

M ij

» reufes. Pourquoi cela ? c'eft qu'ils ont penfé que la
» guerre de terre feroit négliger notre marine , & ils
» ont eu raifon ; la marine de l'ennemi n'exifte que
» par fa finance, & fa finance n'a d'autres fonds que
» fon commerce : faifons donc la guerre à fon com-
» merce , & à fon commerce feul. Prenez à l'Anglois
» une colonie, il menacera ; ruinez fon commerce,
» il fe révoltera. Nous avons trois cens lieues de côtes
» à garder. Ce foin exige une marine refpectable, qui
» eft-ce qui défendra les côtes, des vaiffeaux ? Abus,
» abus : ce font des troupes de terre ; on armera cent
» cinquante mille hommes pour épargner ; cependant
» les riverains feront ravagés ; on armera cent cinquante
» mille hommes, & il eft clair que vingt-cinq vaiffeaux
» de ligne à Breft, & quinze mille hommes fous cette
» place fuffifent pour arrêter tout, excepté la prédi-
» lection pour les foldats de terre ». On voit que ce
marin a des vues judicieufes , mais il ne démontre
pas avec éloquence la néceffité d'une marine, comme
le fait M. Thomas (a) dans l'éloge de M. Duguai

(a). Dans ces entretiens fi profonds qn'il avoit avec Philippe , il parloit
fans ceffe à ce prince de l'importance & de l'utilité de la marine. « Ah !
» s'il revivoit aujourd'hui, s'il erroit parmi nos ports & nos arfenaux , quelle
» feroit fa douleur ! François, s'écrieroit-il , que font devenus les vaiffeaux
» que j'ai commandés, ces flottes victorieufes qui dominoient fur l'océan ?
» Mes yeux cherchent en vain : je n'apperçois que des ruines. Un trifte
» filence regne dans vos ports. Eh quoi ! n'êtes-vous plus le même peuple ?
» N'avez-vous plus les mêmes ennemis à combattre ? Allez tarir la fource

Trouin. Cependant cet orateur, conduit par un pré-jugé pardonnable, attendu qu'il n'a jamais fréquenté les ports du Roi, laiffe échapper auffi en faveur de la marine marchande quelques traits contre la marine royale. C'eft avec le même préjugé qu'un moine a fabriqué le Journal hiftorique d'un voyage aux ifles Malouines en 1763 & 1764. L'éditeur de cet infipide journal, imprimé à Berlin en 1769, femble n'être forti de fon couvent que pour aller faire dans un au-tre monde une ample recolte de menfonges & d'in-vectives. De retour en Europe, il fe plaît à répandre le venin groffier de fa plume mauffade fur la marine du Roi, dans une digreffion qui contient autant de bévues que de phrafes. *On voit*, dit l'ignare enfant de S. Benoît, *le 15 juin 1764 un navire au vent dans le nord-oueft, on vire pavillon & flamme, on met pavillon en berne, on tient le vent*, malgré ces fignaux prétendus,

---

» de leurs tréfors. Ignorez-vous que toutes les guerres de l'Europe ne font
» plus que des guerres de commerce, qu'on achete des armées & des vic-
» toires, & que le fang eft à prix d'argent ? Les vaiffeaux font aujourd'hui
» les appuis des trônes. Portez vos regards au-delà des mers : les habitans
» de vos colonies vous tendent les bras. Etes-vous citoyens ? ce font vos
» freres. Etes-vous avides de richeffes ? vous en trouverez dans le nouveau
» monde. Vous y trouverez un bien plus précieux ; la gloire. Vous avez
» verfé tant de fang pour maintenir la balance de l'Europe ; l'ambition a
» changé d'objet. Portez, portez cette balance fur les mers : c'eft-là qu'il
» faut établir l'équilibre du pouvoir. Si un feul peuple y domine, il fera
» tyran, & vous ferez efclaves. Il faudra que vous achetiez de lui les ali-
» mens de votre luxe, dont vos malheurs ne vous guériront pas, &c ».

le navire continue fa route. Ce doƈte cénobite croit qu'un bâtiment qui fait une pareille manœuvre ne peut être que François. Là-deſſus ſa bile s'enflamme, *ſon amour pour le bien public & pour celui de ſa patrie* lui diƈte une diatribe violente contre une marine qu'il devroit reſpeƈter ; mais dans quelle regle ce moine a-t-il vu que, par amour pour ſa patrie, il falloit dire en idiôme patagon que *la liberté des rouges* (a) *faiſoit la ſervitude des bleus,* que *la marine royale a des préjugés qui l'élevent au-deſſus du métier des marins, & croit qu'il n'eſt plus beſoin de l'exercer pour l'apprendre,* &c ? Si cet écrivailleur avoit lu les ordonnances de la marine, il ſauroit qu'il y a des écoles établies pour l'inſtruƈtion des jeunes gens ; s'il avoit été dans les ports du Roi, il auroit vu que les officiers s'y appliquent à la théorie, & qu'ils cherchent avec empreſſement les occaſions d'y joindre la pratique ; s'il s'étoit donné la peine de faire quelques informations, il auroit appris que, pour être reçu capitaine marchand, il faut avoir fait deux campagnes ſur les vaiſſeaux du Roi, & avoir rapporté des certificats favorables des commandans ; ce qui ſuppoſe qu'on ne peut prendre que ſur ces vaiſſeaux une parfaite connoiſſance de la ſubordination & du ſervice de mer, & que les officiers de la marine ſont les véritables juges des officiers marchands ; s'il avoit navigué ſur des bâtimens comman-

______

(a) C'eſt ainſi qu'il appelle les officiers de la marine du Roi.

dés par de vrais officiers du Roi, il n'eût pas dit que *tout navire de la nation est obligé d'amener, quand un navire du Roi lui signifie de ce faire, par un coup de canon & par la flamme virée au mât où elle doit être, suivant le grade de celui qui commande le vaisseau du Roi*, il eût su que la flamme se hisse & ne se vire pas (*a*), & qu'un navire marchand n'est point obligé d'amener (*b*) quand il rencontre un vaisseau de guerre de sa nation, mais de se ranger sous son pavillon pour recevoir les ordres du commandant. S'il avoit vécu dans un port, il auroit appris peut-être la langue d'un métier qu'il faut savoir avant que d'en donner des leçons. Il auroit vu quel respect on a pour la mémoire des Barts, des Duguai Trouins, des Cassards : tous ces grands hommes avoient des titres pour entrer dans la marine du Roi ; ils avoient rendu des combats fameux ; ils avoient fait des manœuvres brillantes ; ils avoient pris des vaisseaux de guerre ennemis ; qu'on se présente après des actions si éclatantes , & l'on sera certainement reçu avec autant d'empressement que de distinction. Quoique les officiers de la marine royale soient au-dessus de ces traits injurieux qui n'ont aucun effet lorsqu'ils sont lancés par des mains aussi foibles que celles du voyageur aux isles Ma-

---

(*a*) Le mot *virer* emporte l'idée d'un mouvement circulaire, comme, par exemple, autour d'un cabestan.

(*b*) Le mot *amener*, quand il est seul, signifie se rendre à l'ennemi.

louines, je n'ai pas été le maître du premier mouvement d'indignation que m'a fait éprouver la lecture
du journal fastidieux de ce moine errant. Je reprends
le fil de ma relation.

Pendant le séjour que j'ai fait à Bergues, j'ai fondé & fait sonder le port, la rade & les environs de
la ville. J'ai déterminé à-peu-près les points principaux de la baie que j'ai rapportés au plan figuré que
j'ai tracé. Je joins ici ce plan, voyez planche VII.
J'en donnerai le détail plus bas, je crois devoir parler auparavant de la ville & du territoire de Bergues.
Je dirai même quelque chose du Dannemarck, de la
Norvege, des Lapons, des Samojedes, & autres peuples au Nord de ce second royaume qui sont très-peu
connus, & sur lesquels on a débité bien de fables.
Comme je me suis adressé à des personnes instruites
qui ont voyagé chez ces peuples, & que j'ai puisé
dans les sources primitives, je me flatte qu'on me
saura gré de mes recherches.

Description
de la ville de
Bergues. La ville de Bergues ou Bergen, autrefois Biorginn,
capitale du diocèse de ce nom, est la plus grande &
la plus considérable ville marchande de Norvege;
elle est placée au fond d'une vallée entourée & défendue par sept grosses montagnes. Ses fortifications
du côté de la mer ne méritent point qu'on en fasse
mention. Il y avoit autrefois à Bergues trente églises
ou couvens; mais on n'y voit aujourd'hui que quatre
églises paroissiales, dont trois danoises & une alle-
mande,

mande. Les églifes font bâties en pierres , ainfi que
les maifons des nobles, des confuls & des principaux
négocians. L'édifice le plus remarquable eft l'hôtel
de la douane, bâti à l'entrée du port. Il y a une école
latine, fondée & dotée en 1554 par l'évêque Pierre.
Les revenus en ont été augmentés par le roi Frédéric II. & fes fucceffeurs. Elle entretient aujourd'hui
douze étudians, auxquels on enfeigne la Philofophie,
les Mathématiques, l'Hiftoire & la Langue Françoife.
L'école de marine étoit autrefois affez nombreufe ;
mais elle eft tombée en décadence.

Bergues avoit autrefois le droit de battre monnoie,
elle l'a eu jufqu'en 1575. On conferve encore au ca-
binet des médailles à Copenhague une monnoie qui
y a été fabriquée fous le roi Eric. La ville a été bâtie
en 1070 & 1071. Il s'y eft tenu plufieurs conciles.
Comme la plus grande partie des maifons de Bergues font bâties en bois, cette ville a fouvent été la
proie des flammes ; elle fut brûlée en 1248 , onze
églifes furent réduites en cendres ; le même malheur
lui arriva en 1472, en 1623, en 1640, en 1702 & en
1756 ; dans ce dernier incendie, mille fix cens maifons furent confumées. La ville eft très-étendue, les
rues ne font point alignées, & font pavées fans ordre
en groffes pierres de mefure inégale, mais elles font
très-propres. Les maifons, quoique bâties en bois,
donnent le coup-d'œil le plus riant, par la diverfité
des couleurs dont elles font peintes. Elles font fur-

N

tout jolies dans l'intérieur ; on n'y voit ni or ni argent, mais elles font meublées avec la plus agréable simplicité.

Dénombrement des habitans. La ville de Bergues peut compter trois mille maifons, & plus de vingt mille ames ; il y vient annuellement des habitans de Hambourg, de Breme & de Lubeck, s'y établir pour le commerce du poiffon.

Religion. La Religion qu'on profeffe eft la Confeffion d'Aufbourg, ou le Luthérianifme, connu en Allemagne fous le nom de Religion évangélique ; c'eft celle du prince & la dominante dans toutes les poffeffions du roi de Dannemarck ; mais toutes les autres Religions font tolérées (néanmoins fans culte public), pourvu qu'elles ne troublent point l'Etat. Tout habitant, de quelque condition & de religion qu'il foit, eft protégé fans aucune différence par le gouvernement, perfonne n'eft inquiété par rapport à fa confcience.

Mœurs. Quant aux mœurs des habitans de la ville de Bergues, il eft difficile de fatisfaire le lecteur fur cet article, car c'eft un compofé de différentes nations ; beaucoup d'Allemands & d'Ecoffois y font venus fucceffivement s'établir, & fe font alliés avec les naturels du pays ; les hommes font la plûpart forts & robuftes, peu polis, quoiqu'affez affables aux étrangers par vue d'intérêt. Il n'y a point de nobleffe à Bergues, tous les habitans font négocians, & font le commerce en gros ou en détail. Il y a cependant quelques familles diftinguées, mais en petit nombre.

Les femmes font en général laborieufes , elles
s'occupent de leur ménage & de leur commerce ;
elles ne donnent point dans le luxe ; elles reçoivent
volontiers les étrangers qu'elles aiment beaucoup ;
elles font fur-tout bon accueil aux François , mais les
maris font très-jaloux de ces derniers ; les Norvégien-
nes font belles , mais elles n'ont pas beaucoup d'éducation. Il regne plus de politeffe dans les autres villes
de Norvege ; mais dans tout ce pays , les hommes
ont plus de goût pour le plaifir de la table que pour
celui de l'amour. Ils aiment les liqueurs fortes , &
font grands fumeurs de tabac. Ils s'affemblent entr'eux , & préferent leur *eftaminet* à la fociété des dames ; ce qui porte celles-ci à s'en dédommager fans
myftere avec les étrangers plus aimables & plus ga-
lans.

La garnifon de Bergues eft compofée d'un batail- Garnifon.
lon de troupes réglées , d'une compagnie franche de
cent cinquante hommes, & d'un petit détachement
d'artillerie , ce qui fait environ fix cens hommes.

Le commerce de la ville de Bergues confifte en Commerce.
toutes fortes de poiffons , en marchandifes graffes ,
en peaux & en bois. Ces denrées viennent des provinces feptentrionales de Bergues. Le port eft bon &
fûr , & peut contenir un grand nombre de bâtimens
de toute grandeur. Ce port a encore l'avantage de
ne jamais geler , & d'être navigable en tout tems.
Les habitans de Bergues ont environ quatre-vingt

bâtimens qu'ils emploient au commerce du dehors, & avec lefquels ils trafiquent dans l'Océan, dans la Méditerannée, dans la mer du Nord & dans la Baltique. Il vient en outre à Bergues tous les ans plus de mille navires de différentes nations chargés de fel, de grains, de farines, d'eau-de-vie, & autres denrées. Les habitans de Bergues envoyent auffi plufieurs vaiffeaux en Groënland, pour y faire la pêche du loup ou chien marin, dont le lard fert à faire des huiles très-eftimées pour les lampes. Il fe fait à Bergues un très grand trafic de grains de toute efpece, parce que la terre de tout ce bailliage eft ingrate & peu cultivée. Ses habitans, fur-tout ceux de la côte, font prefque pêcheurs. Ils font obligés de tirer les grains néceffaires à leur fubfiftance des magafins de la ville, qui font abondamment pourvus par le moyen de la navigation. Tous les habitans du nord de Bergues y viennent de plus de trois cens lieues faire leur provifion de bleds & d'autres denrées qu'ils ne trouvent pas auffi facilement à Dronthem. Enfin la ville de Bergues eft le grenier de toute la Norvege. La riviere de Bergues, & toutes les côtes de ce gouvernement, font très-poiffonneufes. Les pêches les plus confidérables & les plus avantageufes font celles de la morue & du hareng. Ces pêches font les mines d'or du pays ; c'eft de leur produit que les navires danois & étrangers font leur chargement pour toutes les parties de l'Europe. Le poiffon fec ou ftockfifch,

que l'on prépare à Bergues, est fort estimé dans les
ports d'Espagne, d'Italie, de Hollande, de Flandre,
& même d'Angleterre. Ce poisson s'exporte aussi dans
la mer Baltique, ainsi que la morue seche, & en tonneaux, que les Norvégiens font passer dans toute
l'Europe. On charge aussi à Bergues une quantité
prodigieuse d'huile de poisson, de peaux de bouc &
de mouton, de suif, de goudron & de planches.

Il me reste à parler du commerce de la rogue, dont
on fait une grande consommation en Bretagne. La
rogue est un amas d'œufs de morue ; c'est un appas
absolument nécessaire pour la pêche de la sardine.
La pêche de morue, pour en retirer la rogue ou les
œufs, se fait sur les côtes de Norvege, depuis le mois
de janvier jusqu'à la mi-avril. On prend des morues
dans les autres saisons ; mais on ne lui trouve des œufs
que dans cette premiere pêche. On commence à pêcher la morue avec sa rogue au mois de janvier, sur
la côte de Nordland & de Finnemarck, à plus de cent
lieues dans le Nord de Bergues. Le poisson descend
successivement le long des côtes, en prenant toujours
vers le sud jusqu'à la ville de Bergues, & environ
trente lieues encore plus sud du côté de Schutnefs,
où cette pêche finit à la fin d'avril ; parce qu'alors la
morue s'éloigne de terre, & gagne la pleine mer
pour pondre ses œufs. Cette pêche ne se fait devant
Bergues qu'à la fin de mars. Les pêcheurs norvégiens
ne font ladite pêche que dans les endroits fermés. Ils

Commerce de
la rogue.

se servent de petits bateaux, qui peuvent porter six ou huit tonneaux. Ils ont à terre de petits magasins construits en bois, où, après avoir ouvert les morues & en avoir retiré la rogue, ils la salent en pyramides, & la transportent à Bergues lorsque la pêche est finie vers la fin d'Avril. Les négocians de Bergues achetent ensuite cette rogue des pêcheurs & la font mettre en tonnes. Cette pêche est rarement considérable dans le bailliage ou gouvernement de Bergues, quoiqu'il ait soixante-dix lieues d'étendue ; & c'est beaucoup quand on y prend quatre mille barils ou tonnes de rogue : mais la grande pêche se fait sur les côtes de Nordland, où les mers sont plus poissonneuses que partout ailleurs. Les habitans de ces contrées septentrionales apportent à Bergues, le port de Norvege le plus considérable & le plus fréquenté par les étrangers ; tout le produit de leur pêche, poisson & rogue sur des bateaux depuis cent jusqu'à deux cens tonneaux. Les glaces & les tempêtes ne permettent pas à ces bateaux de naviguer & d'arriver avant le mois de mai, ainsi il n'est pas possible de fixer avant ce tems le prix de la rogue. On trouve dans les magasins de Bergues, au commencement de juin dans les années communes, quinze ou seize mille tonnes de rogues, & trente mille tonnes dans les années d'abondance. Le prix du baril de rogue, dans les années communes, est de 3 à 4 rixdales ou 14 à 18 livres de notre monnoie, & dans les bonnes années le baril se donne pour 2 rixdales ou 9 livres de France. On l'a même vu donner pour une rixdale ou 4 liv. 10 fols; mais en 1767 & 1768, le prix de la rogue étoit exceffif. Les plus anciens ne l'avoient jamais vu porter fi haut. Le prix de la tonne étoit de 5 à 6 rixdales : ce prix qui n'avoit point d'exemple, étoit l'effet de la grande concurrence des acheteurs ; il feroit à fouhaiter, pour le bien de la Bretagne, qu'une feule compagnie eût le privilege de vendre de la rogue aux pêcheurs de fardines fur les côtes de cette province. Le baril de rogue eft de quinze à feize veltes, ou une demi-barrique de Bordeaux ; il y a des jaugeurs jurés pour les faire bien pacquer & remplir. Il faut treize de ces barils pour faire un laft ou deux tonneaux de France en port : il n'eft queftion d'aucun poids. Le fret que l'on doit payer à Breft ou autre port de Bretagne, eft d'environ trente livres pour chaque laft de treize barils, avec dix pour cent d'avarie ordinairement pris fur le montant du fret. Les droits qui font peu de chofe, & tous les frais enfemble ne montent point à 15 fols de France par baril. Voilà tous les éclairciffemens qu'il eft poffible de donner concernant le commerce de Bergues & de la Norvege.

Je donnerai maintenant une idée des manufactures & des branches du commerce extérieur établies dans la Norvege ; je ferai connoître en même tems fa forme d'adminiftration, mais comme elle eft liée avec celle du Dannemarck, & que des compagnies privilégiées, formées à Copenhague, dirigent le commerce que ces deux royaumes font au-dehors, j'entrerai dans quelques détails sur la forme du gouvernement & fur les forces des Danois.

Le gouvernement eft defpotique, mais doux & tempéré par fa conftitution folide & conftante. Les provinces font regies par des baillifs chargés de la manutention des loix, de l'infpection fur les revenus du prince, & de la protection fpéciale des payfans. Ils n'ont de jurifdiction fur les fujets du Roi que dans les affaires matrimoniales, & dans toutes les autres ils ne peuvent être que médiateurs : ils ne fauroient fermer l'accès au trône, ni même écarter des tribunaux fupérieurs ceux qui auroient des plaintes à porter contre eux, ce qui met bien de la douceur dans le gouvernement des provinces. Le Roi eft l'ame de toute la juftice, il fe réferve l'approbation de tous les jugemens. On n'en peut exécuter aucun qui ne foit figné de fa main, s'il tend à ôter la vie ou à flétrir l'honneur d'un citoyen. Voici une loi importante, qui prouve la fageffe du légiflateur ; elle fe trouve au chapitre xix. livre premier du code danois : « Tout » homme accufé en juftice d'un crime quelconque » pourra, en donnant caution, venir à la cour, & » s'en retourner librement, & jouir de toute la li- » berté néceffaire pour fe défendre ».

J'ai déja dit que la Religion luthérienne étoit la feule autorifée par les loix, mais que toutes les autres

étoient

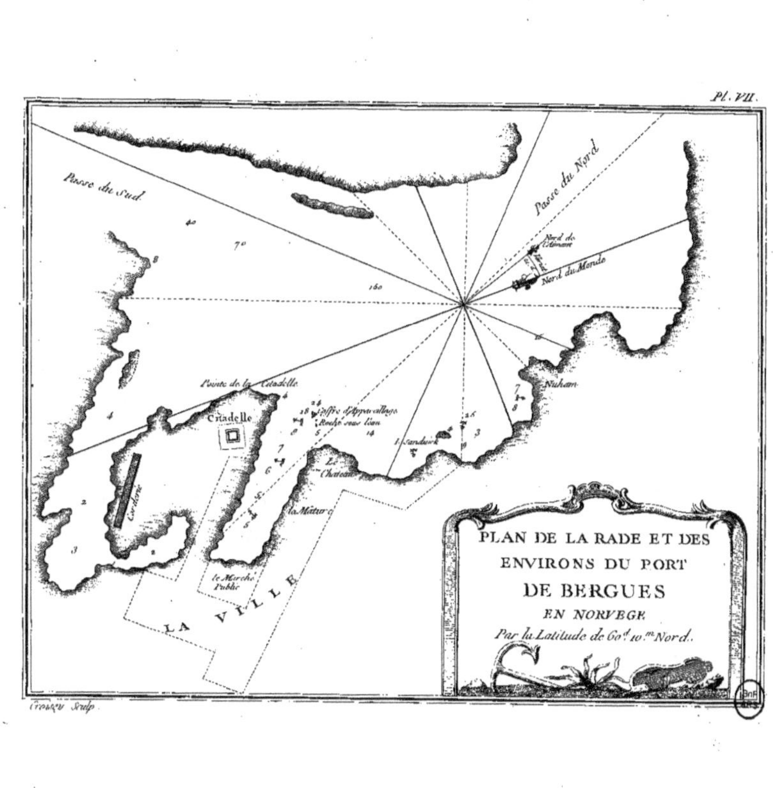

Pl. VII.
Passe du Sud.
Passe du Nord
Nord de l'Aimant
Nord du Monde
Pointe de la Citadelle
Citadelle
Fosse d'Appareillage
Roche sous l'eau
Nuhan
Sandvic
Le Château
la Mature
le Marché Public
LA VILLE
Crossey Sculp.
PLAN DE LA RADE ET DES
ENVIRONS DU PORT
DE BERGUES
EN NORVEGE
Par la Latitude de 60.d 10.m Nord.

étoient tolérées. Le Roi exerce, comme tous les princes proteſtans, le droit de ſuprématie dans ſes royaumes : il prononce en dernier reſſort ſur tout ce qui eſt relatif au gouvernement de l'Egliſe, & à la forme du culte extérieur. L'autorité des évêques, reſtrainte au ſpirituel, ne s'étend qu'à conférer les ordres ſacrés, & à contenir les prêtres dans le de-voir, ils n'ont aucune juriſdiction temporelle ni d'au-tres droits que ceux qui leur ſont néceſſaires pour conſerver l'ordre & la décence dans l'Egliſe.

Les Danois & les Norvégiens aiment leur Roi ; mais les premiers ont plus d'éducation & des mœurs plus douces. C'eſt le fruit d'une cenſure qui s'exerce dans les villes de Dannemarck par des perſonnes choiſies par le magiſtrat pour veiller à l'éducation des enfans, & à l'adminiſtration des biens des pupilles (a), ils peuvent diſpoſer de leur propre autorité des en-fans négligés par leurs parens, & les appliquer à quel-que profeſſion. La loi leur permet de ſe rembourſer même par la voie de l'exécution des ſommes qu'ils ont avancées pour les enfans ; & ſi la famille eſt dans l'indigence, les maiſons de charité doivent faire ce rembourſement. Les mêmes perſonnes ſont obligées de veiller ſur les biens des mineurs, & de s'en faire rendre un compte exact ; & pour mettre les pupilles en ſûreté, la loi ordonne à ceux qui demeurent dans

____

(a) Code danois, liv. III. chap. xviij.

O

une maison ou dans le voisinage d'une maison où il meurt un pere laissant des enfans mineurs, de déclarer au plûtôt cette mort au magistrat, sous peine d'une forte amende.

Compagnies
de commerce.

A l'égard du commerce extérieur des Danois, Chrétien IV. fut le premier de leurs rois qui établit dans ses états une compagnie de commerce aux Indes orientales. Chrétien V. lui donna une nouvelle forme, & lui accorda un octroi le 28 de Novembre 1670 : elle tomba sous Frédéric IV. qui fit de grands efforts pour la soutenir. Chrétien VI. la releva en 1732 : c'est l'époque de l'établissement de celle qui subsiste aujourd'hui.

La compagnie d'assurance s'est formée en 1727 ; chaque action est de mille écus.

La banque, qu'on doit regarder comme l'ame du commerce danois, doit son existence à une compagnie qui a rendu par cet établissement un grand service aux deux royaumes de Dannemarck & de Norvege.

La compagnie d'Afrique a été établie en 1755, pour continuer un commerce que quelques particuliers avoient commencé. Son octroi, dont la durée est de quarante ans, porte un privilege exclusif de commercer depuis le 36e degré jusqu'au 22e degré de latitude. Jusqu'à présent c'est dans les ports de Saffy, de Salé & de Sainte-Croix qu'elle a sur-tout trafiqué, elle en tire des laines, des cuivres, de la cire & des

cuirs. Elle y porte des toiles, des draps, des épiceries, & autres denrées que l'Europe fournit à l'Afrique. Cette même compagnie envoie aux isles de l'A-
mérique, qui sont Saint-Thomas, Saint-Jean &
Sainte-Croix. Cette compagnie est composée de cinq
cens actions, & les actions sont de cinq cens écus.

J'ai parlé plus haut de la Compagnie qui fait ex-
clusivement le commerce de l'Islande. Il me reste à
dire un mot des manufactures. Frédéric V. n'a rien   Manufactures.
négligé pour en établir & dans le Dannemarck & dans
la Norvege. On y fait des toiles à voile, de la toile
ordinaire, de la batiste, du papier, du tabac, des
étoffes, du sucre raffiné, des fayances, des porcelai-
nes, de l'alun, du savon. On fabrique à Copenhague
des dentelles, des galons d'or & d'argent, toute sorte
d'ouvrage d'orfevrerie, des armes, des fusils pour
l'armée, des draps & des étoffes de soie, des tapis
peints & imprimés, des bas tricotés au métier, des
chapeaux & des velours. L'industrie dans la prépara-
tion des cuirs fait des progrès sensibles. Les gants
de Rander & d'Odensée sont renommés, enfin les
manufactures s'augmentent & se perfectionnent tous
les jours : on fait des prohibitions rigoureuses des marchandises étrangeres, à mesure qu'on peut s'en passer.

Il y a en Seelande & en Norvege des fonderies
de canon de fer & de fonte. Voici l'état des troupes
de terre du Dannemarck, suivant le réglement fait
en 1763.

O ij

Etat des troupes de terre.

Gardes à pied & à cheval, ... 704 hommes.
Cuiraffiers, ... 4380.
Dragons, ... 2920.
Huffards, ... 600.
Infanterie, ... 20020.
Artillerie, ... 1158.
Ingénieurs, ... 31.

Total, 29813 hommes.

Il y a outre cela, tant en Dannemarck qu'en Norvege, plus de trente mille hommes de troupes nationales, parmi lefquels on diftingue un corps de patineurs au nombre de fix cens, qui eft très-redoutable. Ce font des hommes qui, par le moyen d'une efpece particuliere de patins, courent fur la glace & la neige avec un vîteffe incroyable.

Etat de la Marine.

Le roi de Dannemarck avoit en 1763 vingt-fix vaiffeaux de guerre, depuis quarante jufqu'à quatrevingt-dix canons, & fept à huit frégates. Les matelots deftinés au fervice de la marine font de deux ordres. Ceux qui habitent les côtes font claffés, & leur nombre eft d'environ vingt-cinq mille hommes. Ces hommes claffés fervent au Roi dans les armemens extraordinaires, & prefque toujours aux particuliers. Le fecond ordre, qui eft plus particulierement attaché à la marine royale, eft compofé de quatre divifions : chaque divifion a fon chef, & dix

compagnies de cent dix-huit hommes. Les compagnies font commandées par des capitaines de vaiffeaux qui, fous eux, ont deux officiers fubalternes.
C'eft à l'inftar de ce corps qu'on a formé en France,
à la fin de la guerre, feize compagnies de foldats-
matelots fous le nom de régiment de Dunkerque.
Ce fecond ordre de matelots eft de quatre mille fept
cens vingt hommes. Il fournit aux équipages des vaiffeaux pour les befoins ordinaires, & donne des ouvriers
dans les atteliers & chantiers ; il y a une commiffion
établie en 1739, chargée de diriger la conftruction ;
elle eft compofée de trois capitaines de vaiffeaux &
de trois conftructeurs. Par cet établiffement fage , il
n'eft conftruit aucun bâtiment dont le plan n'ait été
calculé , & l'on n'en conftruit point contre les defirs
de la mer & les cris des officiers expérimentés qu'on
a vu plufieurs fois en France , occupés pendant toute
une campagne à corriger les fautes d'un conftruc-
teur.

Il y a une compagnie de cadets , logée à Copenhague dans un grand édifice , que Frédéric IV. fit
élever en 1701. Cette compagnie forme la pepiniere
des officiers comme celle des gardes la marine en
France. Le directeur de la navigation leur enfeigne
cet art , & la Géométrie ; un officier d'artillerie leur
en donne des leçons. Ils ont des maîtres particuliers
d'Arithmétique , de Géographie , d'Hiftoire , de Langue françoife & angloife , de Deffin , de Danfe &

d'Escrime. Le premier constructeur leur montre la construction. Pour joindre la pratique à la théorie, on leur fait monter tous les ans une frégate, où successivement ils font le service de matelots, de pilotes & d'officiers. Le département de la marine est dirigé par un conseil, sous le nom de *College combiné de l'amirauté & du commissariat général* ; il est composé de trois officiers civils, dont le premier est secrétaire d'état, & chef du département, & de quatre officiers-généraux qui portent pavillon.

J'ai oublié de dire que le département de la guerre est ordinairement confié à un officier-général qui, dès qu'il parvient à cette dignité, renonce au commandement. C'est à lui qu'on adresse tous les mémoires concernant l'avancement des officiers, l'administration de la justice & le maintien de la discipline. C'est ce ministre qui signifie les ordres de Sa Majesté. Il y a un département particulier, appellé *Commissariat général de la guerre*, composé de six personnes, dont le ministre est le chef, pour examiner tout ce qui a rapport au payement & à l'habillement des troupes, à l'approvisionnement & au détail des places.

Je terminerai cet article par le dénombrement des villes & des habitans des royaumes de Dannemarck & de Norvege. Il y a dans le royaume de Dannemarck soixante-huit villes, vingt-deux bourgs, cinq cens quatre-vingt-trois biens nobles, seize baronnies & quinze seigneuries. Il est né en 1766 dans le Dannemarck & le Slefwick trente-trois mille deux cens cinquante-neuf enfans, & il eft mort vingt-neuf mille neuf cens cinquante-neuf perfonnes : d'où l'on peut conclure avec vraifemblance que le nombre des habitans dans tout le royaume de Dannemarck peut être porté à environ un million d'ames.

Il n'y a que dix-huit villes dans toute la Norvege. En 1766, il y eft né vingt-deux mille trois cens foixante-dix enfans, & il eft mort vingt mille dix perfonnes : ce qui fait préfumer que la Norvege renferme environ fept cens mille ames.

Au fujet de la rogue, je n'ai fait qu'indiquer les habitans de Nordland & de Finemarck, il eft bon de les faire connoître un peu plus particulierement. Nordland & Finemarck font deux bailliages au nord de Dronthem, qui n'eft que la feconde ville de Norvege pour le commerce, quoiqu'elle foit regardée comme capitale. Dronthem étoit autrefois la réfidence des rois de Norvege ; fon port eft très-bon, & offre, après Bergues, le plus de reffources dans les mers du Nord. Le bailliage de Nordland s'étend depuis le Nummedal jufqu'en Finnemarck ; il comprend la prévôté de Helgeland, autrefois *Halogia* ; *Ramus* s'efforce de prouver que ce pays eft l'Ogigie d'*Homere*, & *Ulyffe* le dieu *Outin* : il s'enfuivroit que cette province auroit été habitée immédiatement après le fiege de Troie. Elle fournit des marchandifes graffes & du poiffon. On y trouve de bons pâ-

Nordland.

turages & de grandes forêts. Sur les limites de cette
prévôté eſt une montagne qui a ſept pointes très-éle-
vées, & qu'on voit de vingt lieues en mer. Les habitans s'occupent ſur-tout de la pêche, ainſi que ceux
de Finemarck. On diſtingue Finemarck orientale &

Finemarck. Finemarck occidentale. La premiere partie comprend, à l'extrémité de la terre-ferme vers le Nord,
la montagne appellée Nord-Kin, diſtante de dix milles danois du cap de Nord ; elle comprend auſſi l'iſle
de Wardoë, ſituée à un tiers de lieue de France de
la terre-ferme ; près d'un port de cette iſle eſt le bourg
de Wardoëhuus, qui eſt la derniere fortereſſe du monde
du côté du Nord. La ſeconde partie de Finemarck
ou l'occidentale comprend l'iſle de Mageroë, dans
laquelle eſt la montagne la plus ſeptentrionale de
l'Europe, appellée *Cap - Nord.* Sur toutes ces côtes
on trouve des ports ou des mouillages excellens. Il
ſemble que la Nature ait pris plaiſir à former les
retraites les plus ſûres pour des vaiſſeaux dans les endroits les plus affreux du monde, & ſous le ciel le
plus rigoureux ; tel bâtiment qui aura été battu par
la tempête, & qui, preſſé par quelque beſoin, ſera
forcé d'aborder ces côtes, y trouvera toujours un
aſyle quelque tems qu'il faſſe. Il faut prévenir le lecteur que les pêcheurs de la côte ſont tous pilotes,
qu'ils viennent à deux lieues en mer, quelque gros
vent qu'il y ait, chercher les navires pour les piloter.
Il faut ſavoir auſſi que, quoique ces côtes préſentent

l'aſpect

Ch. Eisen del.

le Mire direxit

Combat d'un habitant de finemarck
contre un ours.

l'afpect le plus effroyable , elles ne font point auffi
dangereufes qu'elles le paroiffent, parce que tous les
dangers font fur l'eau , & qu'on peut paffer par-tout
où la mer ne brife pas. Ce que je dis des côtes & des
habitans de Nordland ou Finemarck, peut fe dire des
côtes & des nations circonvoifines qui font toutes le
commerce de fuif, de beurre, d'huile, de poiffon &
de bois ; elles ont la même façon de vivre , & ne font
point auffi lâches que quelques hiftoriens l'ont rapporté. Au contraire toutes ces nations font braves ;
on voit fouvent des habitans de ces contrées attendre de pied ferme des ours affamés qui viennent fondre fur eux : il y en a même qui n'ayant d'autre arme
qu'un couteau vont à la chaffe de ces animaux , au
rifque d'être égorgés & déchirés , comme cela arrive
fouvent. J'ai fait graver , d'après un relief qui m'a
été donné par le grand baillif de Bergues, un combat
de cette efpece d'un homme contre un ours. Voyez
planche B.

On ne manque pas de relations détaillées fur les
Lapons & les Samoïedes , mais elles s'accordent fi
peu, que le lecteur ne fait à quoi s'en tenir ; elles font
d'ailleurs mêlées d'un fi grand nombre de fables pué-
riles , que je crois rendre fervice au public en le défa-
bufant de tout ce qu'on a jufqu'ici rapporté de faux,
& même de douteux fur ces peuples fauvages. Les
particularités qu'on va lire m'ont été confirmées par
un favant qui a fait plufieurs voyages à Archangel, &

Planche B.
Lapons &
Samoïedes.

P

qui m'a traduit en latin toutes les obfervations qu'il a écrites en allemand. Rien n'eft fi important pour l'Hiftoire naturelle du genre humain, que d'avoir des notions précifes de ces nations boréales, auxquels on reconnoît encore des traits originaux de l'homme dans fon état primitif & naturel, afin de pouvoir calculer les progrès de l'éducation, & apprécier les fruits de la fociété.

Plufieurs Journaux de voyages faits en Ruffie, & fur-tout des Obfervations publiées à Saint-Peterfbourg en 1732 fur les Samoïedes, placent les premiers établiffemens de ces peuples aux environs d'Archangel. Il eft au contraire très-certain qu'on n'en trouve qu'à trois cens werftes de cette ville (a) ; ce qui a accrédité cette erreur, c'eft qu'on a vu quelquefois des Samoyedes venir porter des huiles de poiffon & autres marchandifes à Archangel pour le compte de quelques marchands qui ont foin de les entretenir, ainfi que leurs rennes : c'eft ce qui a auffi engagé des auteurs à écrire que c'eft par les Lapons & les Samoïedes, habitans des côtes de la mer Blanche, que fe fait la pêche des loups marins & des vaches marines, dont on tire l'huile. Cette affertion eft dépourvue de vérité. Il n'y a que les Ruffes qui faffent cette pêche pénible & dangereufe, ni les Lapons, ni les Samoïedes n'ont jamais habité les bords de la mer Blanche.

____

(a) Cent werftes font un degré de l'équateur.

Leurs premieres habitations, qui ne font guères fixes, ne fe trouvent que dans le diftrict de Mezene au-delà du fleuve de ce nom. Cette colonie eft de trois cens familles, qui toutes defcendent de deux tribus diffé-rentes, dont l'une s'appelle *Laghe* & l'autre *Wanouta,* diftinction qu'ils obfervent exactement entr'eux. Cette colonie porte le nom d'*Objondire ;* une autre qui en eft voifine près de *Petzora,* celui de *Tihijondire ;* & celle des environs de *Pouftozer,* vis-à-vis du détroit de *Wai-gatz,* appellée communément *Gougorskoi,* fe donne elle-même le nom de *Guaritzi.* Cette nation fauvage occupe l'étendue de plus de trente degrés le long des côtes feptentrionales de l'Océan & de la mer Gla-ciale, entre les 66ᵉ & les 70ᵉ degrés de latitude nord, & à compter depuis la riviere de Mezene, tirant vers l'orient au-delà de l'Oby jufqu'à celle de Guenifée. Tous ces Samoïedes, quoique difperfés dans une fi grande étendue & partagés en différentes familles, ont fans contredit une origine commune, comme le prouve la conformité de leur phyfionomie, de leurs mœurs, de leur maniere de vivre & de leur lan-gage.

De l'autre côté de la mer blanche, les Lapons ha-bitent une très-grande étendüe de pays depuis Kan-dalax jufqu'à Kola, & depuis les frontières de la Lapo-nie Suedoife & Danoife, jufqu'au détroit de la mer Blanche ; ils occupent plus d'un millier de werftes. Cependant toute cette vafte étendüe de pays n'eft

peuplée que par environ douze cens familles laponnes.
Je n'ai réuni dans ce recit les Samoïedes & les Lapons, que pour désigner au juste la situation du pays
qu'ils occupent. Je suis d'ailleurs très-éloigné de
croire comme plusieurs, que ces deux peuples ne font
qu'une même nation. La personne qui m'a instruit de
ces particularités m'a bien assuré le contraire, & m'a
même ajoûté que M. de *Buffon* s'est trompé lorsqu'il
a dit dans son *Histoire Naturelle* que les Lapons, les
Zembliens, les Borandiens, les Samoïedes, & tous
les Tartares du Nord étoient des peuples qui descen-
doient d'une même race. Sur quoi il m'a fait d'abord
remarquer que M. de *Buffon* parloit d'un peuple ima-
ginaire en parlant des Zembliens, puisqu'il est très-
connu que ce pays que l'on nomme *nova-zembla*,
n'avoit point d'habitans, & qu'on avoit certainement
pris pour des naturels du pays, les gens de l'équipage
de quelque bâtiment de pêche russien, d'autant plus
que les Russes qui y vont pêcher des vaches marines,
ont coûtume de s'habiller à la maniere des Samoïedes.
Voici encore une probabilité en faveur de cette opinion, c'est que les Russes qui y passent souvent l'hiver,
n'ont jamais trouvé le moindre vestige humain, &
qu'ils n'ont vû que des ours blancs, des renards blancs,
& des rennes qui se nourrissent de mousse & du poisson
que la mer jette sur le rivage. Pour les Borandiens,
on ignore même le nom de ce peuple dans le Nord.
On m'a aussi rapporté que l'équipage d'un bâtiment

qui y avoit voulu hiverner il y a quelques années avoit péri entierement. Les vingt-quatre hommes qui compofoient cet équipage furent trouvés morts dans l'endroit qu'ils avoient choifi pour leur quartier d'hiver. On a crû long-tems que c'étoit l'excès du froid qui avoit fait périr ces gens-là ; mais il eft prouvé que ce font des brouillards épais & mal fains occafionnés par la putréfaction des herbes, & des mouffes du rivage de la mer qui empoifonnent & donnent la mort. Ce qui confirme ce que je viens de dire, c'eft qu'une colonie de Mezene compofée de vingt perfonnes, qui avoient établi leur demeure dans un endroit éloigné de 20 lieuës de celles des autres, eut beaucoup à fouffrir des mêmes brouillards. Perfonne cependant ne mourut, mais tout le monde fut malade. La terrible pefte, qui au milieu du quatorzieme fiecle dépeupla l'ifle d'Iflande, n'étoit peut-être autre chofe que de pareils brouillards.

Quelques Hiftoriens racontent que l'on trouvoit de l'argent dans quelques endroits de la nouvelle Zemble. Cela n'eft pas fans vraifemblance, puifqu'il paffe pour certain dans toute la Ruffie que fous le regne de l'impératrice Anne, on a trouvé dans une ifle déferte de la mer blanche plufieurs rochers incruftés de l'argent le plus pur. On en envoya des barres à Péterfbourg. On fe promit de grandes richeffes de cette découverte, on creufa les rochers, & l'on s'apperçut que l'intérieur ne contenoit rien de ce métal précieux, & que ce n'étoit qu'une fimple incruftation peut - être aufli ancienne que la création.

Les Samoïedes font la plus part d'une taille au-deffous de la moyenne, ils ont le corps dur & nerveux, ils ont les épaules larges & les jambes courtes, les pieds petits, le col court, la tête très - groffe, le vifage applati, les yeux petits & noirs, le nez écrafé ; la bouche grande, & les lêvres minces. Leurs cheveux noirs & forts leur pendent fur les épaules ; ils ont le teint brun & jaunâtre, & les oreilles très-grandes. Ils n'ont que peu ou point de barbe : la phifionomie des femmes reffemble à celle des hommes ; elles ont cependant les traits un peu plus fins, & les pieds un peu plus petits ; mais comme les deux fexes ont même habit & même phifionomie, il eft difficile de les diftinguer. L'un & l'autre portent des habillemens faits de peaux de rennes tournées en dehors, qui leur ferrent & leur couvrent tout le corps. Voyez planche C.

Planche C.

Pour ce qui regarde les Lapons, on ne reconnoît prefque aucune conformité entr'eux & les Samoïedes, excepté leur habillement qui eft à-peu-près le même, leur vie ambulante, & l'ufage qu'ils font des rennes (a). D'ailleurs les Lapons ont la phifionomie affez femblable à celle des autres Européens, & fur - tout celle des *Finnois*. Ils ont pourtant l'os de la machoire fupé-

______

(a) Le mot de renne vient de l'Allemand, *rennen*, qui fignifie *courir*.

Eisen del. le Mire direxit

1. un Samoïede. 2. une Samoïede. 3. Patins.

rieure un peu plus fort & plus élevé. Leurs cheveux
font de différentes couleurs ; & pour ce qui regarde
le fexe il y a , fuivant le témoignage unanime des
Voyageurs, des Laponnes qui pourroient paffer pour
belles femmes chez toutes les nations. Les Lapons
diffèrent encore des Samoïedes par la barbe que les
premiers ont forte & épaiffe. On croit que les Lapons
defcendent des Finois , & les Samoïedes de quelque
race tartare des anciens habitans de la Sibérie qui , à
force d'avoir été repouffés par d'autres nations , s'eft
reculée jufqu'aux extrémités de la terre. Les Lapons ,
comme on l'a dit dans plufieurs relations différentes ,
ne fe fervent pas du javelot, ils en ignorent même
l'ufage ; ils ont des fufils , & ils achetent leur poudre
à *Kola.* Ils ne mangent point leur viande & leur poiffon crud comme les Samoïedes ; ils ne font pas de
farine des os broyés de poiffon , cet ufage n'a lieu que
chez les Finnois habitans de la Carelie ; mais les Lapons fe fervent de cette pellicule fine qui eft fous
l'écorce du fapin ; ils en font leur provifion au mois
de mai, la font fecher, la réduifent en poudre, qu'ils
mêlent avec la farine dont ils font du pain ; ils pré-
tendent que ce pain eft un anti - fcorbutique. Ils ne
compofent point leur boiffon de l'huile de poiffon. Il
eft faux que la poligamie ait lieu chez eux , non plus
que l'ufage de fe marier fans égard aux degrès de
confanguinité. Ils n'offrent point leurs femmes & leurs
filles aux étrangers , & cette accufation eft deftituée de

Réfutation de plufieurs fables au fujet des La-pons.

preuves. On a beaucoup parlé des fortileges des La=
pons; mais tous les recits qu'on a faits là-deſſus ſont
remplis d'exagération. Quoique la plûpart des Lapons
ayent embraſſé le Chriſtianiſme, ils n'ont de chrétien
que le baptême & le nom. Ils ont beaucoup de peine
à quitter leurs mœurs & le culte de leurs idoles. Les
Lapons & les Samoïedes ne ſont point ſi petits que
l'ont rapporté pluſieurs Hiſtoriens, qui ont voulu les
faire paſſer pour des *pigmés*, ils n'ont cependant gueres
plus de 4 pieds 3, 4 ou 5 pouces. La vie des Lapons
eſt une image de la vie de nos premiers parens. Ils
vivent ſans maiſons, ſans métairie, ſans ſemer, ſans
planter, ſans filer, ſans faire de la toile, *&c.* La pro-

Renne. vidence leur a donné un animal qui n'exige preſque
aucun ſoin, & qui fournit à toutes leurs néceſſités.
Combien cet C'eſt la renne qui de tous les animaux domeſtiques
animal rend eſt le moins à charge, & en même tems le plus utile;
ſervice. elle ſe nourrit & ſe ſoigne elle-même; en été elle
broute de la mouſſe, des feuilles & de l'herbe qu'elle
trouve dans les montagnes; en hiver elle a l'inſtinct
de déterrer avec les pieds une eſpece de mouſſe qui
croît ſous la neige. Lorſqu'une renne a couru toute
une journée, on ne fait que la mettre en liberté, ou
bien on l'attache à un arbre, & on lui porte deux
poignées de mouſſe: la renne a beaucoup de reſſemblance avec le cerf, dont on la diſtingue cependant
en ce qu'elle porte ſes cornes en avant. Cet animal
tient lieu au Lapon de champ, de prés, de chevaux

&

Lapon dans un Traîneau tiré par une Renne.

& de vaches. Sa chair & son lait font sa principale nourriture ; sa peau lui fait un vêtement d'hiver, & l'été il la vend ou l'échange pour une tente qui lui tient lieu de maison. Son poil lui sert de fil, il taille des meubles & des outils de ses os & de ses cornes, il fait aussi un lit de sa peau, enfin de son lait gras il compose de très-bons fromages. Ainsi la renne fait toute la fortune du Lapon. Plusieurs Lapons entretiennent jusqu'à mille rennes, & les connoissent toutes par leurs noms. Lorsque les Lapons veulent voyager ou transporter leurs effets, ils se servent de traineaux qui ont la forme d'un batteau : l'eau n'y pénétre point, & l'on y est à l'abri du froid. Les traineaux sont conduits par les rennes avec tant de vîtesse, qu'on vole, pour ainsi dire, à travers les forêts, les montagnes & les vallées. M. Deschéel, grand baillif de Bergues, me donna le modèle d'un de ces traineaux tirés par des rennes, que j'ai fait graver pour mieux instruire le lecteur. Voyez planche *D*. Ces traineaux ne servent que pour courir sur la glace ou sur la neige. Les Lapons font usage, ainsi que les habitans de la Finne-lande, d'une espece de patins tout-à-fait particuliere. Ils sont faits d'une planchette d'environ 6 ou 7 pieds de longueur, sur environ un pied de largeur. Cette planchette est pointue & recourbée pardevant. Ils s'attachent une pareille planche à chaque pied, & prenant en main un bâton, dont le bout est applatti pour ne pas enfoncer dans la neige, ils courent avec

Façon de voyager des La-pons.

Planche D.

Q

tant de célérité qu'ils peuvent atteindre des ours & des loups. Voilà ce qu'on peut dire en abregé de plus intéreſſant ſur ces peuples du Nord. Je reviens à la ville de Bergues. J'ai promis de détailler le plan de ſon port.

Détail du plan de Bergues. La ligne nord & ſud qui eſt tracée ſur le plan ne marque pas le nord du monde, mais ſeulement le nord de la bouſſole qui varie dans la baye de Bergues de 21 degrés. La lettre *A* marque la pointe de la Citadelle, qui n'eſt défendue que par de mauvais retranchemens où l'on peut deſcendre facilement. *B*. la Citadelle qui n'eſt autre choſe qu'une redoute avec du canon ; elle eſt très-aiſée à eſcalader du côté de la porte. *C*. Le Château dont toute la force conſiſte en une batterie d'environ vingt pieces de canon de moyen calibre qui battent la rade & le port. *D*. La mâture, ou la machine à mâter les bâtimens ; il y a trois braſſes d'eau au pied de cette mâture, ainſi on voit que des frégates de quarante & cinquante canons peuvent s'y réparer. *E*. Le marché public & général des denrées. *F*. La ville qui environne le port. *K*. Roche ſous l'eau, ſur laquelle j'ai touché, & qui eſt ordinairement marquée par une baliſe. *L*. Tonne ou bouée, qui déſigne le coffre ou le corps mort d'appareillage : il y a quelquefois dix à quinze bâtimens amarrés ſur ce coffre en attendant le vent pour appareiller. *M*. Iſle Sanduick, ſur laquelle il y a quelques mauvaiſes pieces de canon ; à côté de cette iſle, j'ai placé une ancre pour défigner le mouillage qui eft dans le nord-quart-nord-eft de l'ifle. On mouille par vingt-cinq braffes d'eau, & l'on a des grêlins amarrés aux organaux qui font fur l'ifle & fur les roches à l'eft de Sanduick, au pied defquelles il y a trois braffes d'eau, comme je l'ai marqué fur le plan. On ne peut placer que trois frégates ou deux vaiffeaux de ligne dans ce mouillage. *N.* Nuham, où l'on peut encore amarrer deux gros vaiffeaux en mouillant une groffe ancre au large, & s'amarrant par derriere à terre. Ce pofte eft ordinairement occupé par deux ou trois vaiffeaux baleiniers, parce qu'il y a un établiffement à terre pour tirer l'huile des baleines ou des loups marins. *P.* Corderie où l'on peut faire toute la garniture d'une frégate. On voit par ce plan qu'il n'eft pas poffible de mouiller dans la baie à caufe de la profondeur de l'eau. Ainfi, lorfqu'on arrive dans cette baie & que le vent eft contraire, il faut louvoyer pour gagner le mouillage de Sanduick, ou s'approcher à une portée de fufil de la groffe bouée, qui marque le coffre d'appareillage à l'entrée du port. Il eft très-inutile de laiffer tomber l'ancre à moins d'être à une portée de fufil de la bouée, car elle chafferoit ; elle ne tiendroit point, vu que le fond eft en talus ; on feroit obligé de remettre à la voile. Je crois avoir inftruit le lecteur de tout ce qui peut intéreffer au fujet du port & de la ville de Bergues, on peut conclure que c'eft une relâche de reffource dans les mers

Q ij

du Nord, puisqu'on y trouve des vivres, des rafraî-
chissemens & les moyens de s'y réparer. Pendant la
derniere guerre, les corsaires de Dunkerque y relâ-
choient continuellement pour faire de l'eau & du
bois, & pour y conduire des prises qui y ont été ven-
dues très-avantageusement.

QUATRIEME PARTIE.

CONTENANT *la route de Bergues à la côte orientale d'Iſlande, la deſcription des ports qui ſont en cette partie, la deſcription des iſles de Ferro, de Schettland, des Orcades, & le retour en France.*

APRÉS avoir pris à Bergues des rafraichiſſemens pour mon équipage, & après avoir fait à ma frégate les réparations néceſſaires pour la mettre en état de reprendre la mer, je me diſpoſai à partir. Les vents me contrarierent pluſieurs jours, je voulois un vent de ſud pour ſortir par une des paſſes du nord de Bergues, & continuer ma route directe vers les côtes d'Iſlande ; mais le vent ne ſe déclara de la partie du ſud que le 10 Août à trois heures du matin, & à quatre heures nous appareillâmes, le vent foible, le ciel couvert avec une petite pluie. Nous mîmes toutes voiles dehors, & nous fîmes ſix lieues gouvernant du nord-nord-oueſt au nord-oueſt, côtoyant toujours les terres de bas-bord, c'eſt-à-dire celles du ſud, parce que les vents en dépendoient. Après avoir fait ces ſix lieues, nous apperçûmes une ouverture dans les terres du Nord qui bordoient la riviere ; nous arrivâmes tout-d'un-coup pour mettre le cap au nord-eſt, &

Départ de Bergues.

donner dans ce paffage. Nous prolongeâmes un iflot, que nous laiffâmes à bas-bord à portée de piftolet, pour éviter une roche fous l'eau dont nous paffâmes encore plus près, à en juger par le remoux que le pilote norvégien nous fit remarquer. Après avoir paffé cette roche, nous mîmes le cap au nord, enfuite au nord-quart-nord-oueft, & fucceffivement au nord-nord-oueft pour arrondir plufieurs petites ifles ou rochers que nous laiffâmes toutes à bas-bord. Après avoir doublé toutes ces ifles, nous nous trouvâmes dans une petite rade fermée comme un baffin, dont on ne voyoit ni l'entrée ni la fortie. Une efcadre de quatre à cinq vaiffeaux peut y mouiller par fept braffes d'eau fond de fable ; il y a des bâtimens qui y ont hiverné. On voit des organeaux de fer de tous les côtés pour amarrer les vaiffeaux qui ne veulent pas mouiller leurs ancres, ou qui n'en veulent mouiller qu'une pour affourcher avec un grélin. Nous fortîmes de ce baffin par un goulet où deux bâtimens auroient bien de la peine à paffer de front, & nous nous trouvâmes enfuite dans une baie qui a plus de douze lieues de circonférence, & qui ne paroiffoit avoir ouverture qu'au nord-oueft, à trois lieues devant nous. J'embarquai alors mes bâtimens à rames, & je forçai de voiles au nord-oueft pour fortir de cette baie par l'ouverture qui fe montroit. A midi, nous étions entre les deux ifles qui forment cette paffe, qu'on nomme *la paffe de Henne-Gat* ou *Hennefiord* ; les pilotes norvégiens s'en retournerent , & je gouvernai au oueſt-nord-oueſt en forçant de voiles pour m'éloigner de terre. On voit que cette ſortie des lits de Bergues eſt longue , mais elle n'eſt point difficile. On compte dix lieues de France depuis la ville de Bergues juſqu'à cette paſſe dite *Henne-Gat* ; mais dans ces dix lieues , il n'y a pas plus d'une demi-lieue de difficulté. On trouve deux mouillages pour de gros vaiſſeaux , & pluſieurs pour de petits bâtimens , entre Bergues & l'entrée du petit baſſin dont j'ai parlé , dans lequel on peut reſter en ſûreté , ſi les vents refuſent ou s'ils ſont trop forts pour aller en mer. Cette rade eſt encore plus heureuſement placée pour les vaiſſeaux qui viennent du large , & qui ſe trouvent à la côte par un gros tems, car ils trouvent un bon aſyle , & ſelon l'expreſſion de Virgile , *Statio bene tuta carinis* (a). Cette ſortie de Bergues par le Nord , quoique plus longue , eſt donc plus belle que celle par le ſud nommée *paſſe de Cruxfiord* , qui n'eſt éloignée de Bergues que de ſix lieues de France. La route par Cruxfiord eſt plus courte , mais elle eſt auſſi plus étroite , & les mouillages ne ſont point ſi bons ; au reſte les vents & la deſtination des bâtimens doivent décider pour l'une ou l'autre des paſſes ; mais , par rapport à l'attérage en venant de la mer , mon avis eſt d'attérer plutôt ſud que nord ; car du côté de la paſſe de *Henne-*

(a) Virg. Æneide-

Gat, ou de celle de *Holmfiord* qui eſt encore plus au nord, les terres ou les roches qui forment les lits ſont très-baſſes; il n'y a aucun point remarquable, & les terres du continent ſont très-éloignées. On ne court cependant aucun danger à attérer au nord, ſur-tout par un beau tems; par-tout des pilotes ſe préſentent; il y en a même quatre ſur les deux iſles qui forment la paſſe de *Henne-Gat* (*a*). Ces pilotes qui ſont pêcheurs de profeſſion, ſont toujours en mer. Lorſque le tems le permet, & auſſitôt qu'ils découvrent un bâtiment, ils forcent de voiles ou de rames pour l'atteindre. Cette paſſe eſt, à mon eſtime, par 60 degrés 40 minutes de latitude.

J'ai dit plus haut qu'en ſortant de la paſſe j'avois gouverné au oueſt-nord-oueſt pour m'éloigner de la côte, & me mettre à même de profiter de tous les vents. Ils étoient au ſud & ſud-ſud-oueſt, & ils pouvoient venir à l'oueſt. Je fis au oueſt-nord-oueſt 15 lieues, enſuite 25 autres lieues au nord-oueſt, & nord-oueſt-quart-de-nord. Le 11 à midi j'étois par 61 degrés 20 minutes de latitude, & par 1 degré 34 minutes de différence occidentale du méridien de Paris. Je ne dois point oublier de faire remarquer qu'étant à 12 lieues par eſtime de la côte de Norvege, je fis ſonder, & que je ne trouvai point de fond, mais

---

(*a*) Les iſles qui forment cette paſſe ſe nomment *Henne* & *Feyer*. Cette paſſe ſe nomme auſſi *Herlefiord* ou *Hennefiord.*

qu'après

qu'après avoir fait huit ou dix lieues de plus , je trouvai 100 brasses d'eau fond de sable gris vaseux ; cela confirme l'observation déjà faite , que plus on approche les côtes de Norvege , plus le brassiage augmente , & le fond devient vaseux ; que plus on approche les côtes de Chettland , plus le fond est mêlé de gravier & pierres noires , & qu'enfin au milieu du chenal on trouve 70 brasses d'eau fond de sable fin. Comme ces parages sont sujets à la brume , cette remarque est essentielle.*Remarques sur les fondes à la côte de Norvege.*

Le 12 , le 13 , le 14 & le 15 les vents toûjours foibles , ne firent que varier. Ils soufflerent successivement de tous les airs de vent. Je dirigeai ma route selon les variations , & le 15 à midi j'observai 65 degrés 20 minutes de latitude , & j'étois par 10 degrés 5 minutes de longitude occidentale. Pendant ces quatre jours le ciel fut couvert & la mer belle. Le 12 nous observâmes 17 degrés de variation , & nous vîmes un banc prodigieux de petits poissons rouges qui avoient l'air d'un banc de sable rouge qui brisoit dans une étendue de plus de deux lieues. On rencontre souvent dans ces mers de pareils amas de poissons qui peuvent inquiéter des Navigateurs à la premiere vûe , d'autant plus que ces bancs de poissons attirent une quantité prodigieuse d'oiseaux , comme on en voit sur les hauts fonds. Ces mers sont aussi remplies de baleines. Je vis le 15 au matin un oiseau qui mérite par sa singularité qu'on en fasse mention. Il étoit grand comme*Variation.*

Banc de poissons rouges.

R

une oye, il avoit le corps blanc, mais fa tête, fa queue, fon colier & le bout de fes aîles étoient du plus beau noir.

Le 16 les vents foufflerent du nord-eft, gros frais; la mer très-mâle. Je tins bord fur bord fous les deux baffes voiles, m'eftimant dans l'eft-quart-fud-eft de la pointe de Langernes, diftance de 18 lieues.

Le 17 les vents toûjours au nord-eft, bon frais; mais le tems clair, je prolongeai la bordée du nord-oueft & nord-nord-oueft, & j'eus connoiffance à 7 heures du foir de la pointe de Langernes que je relevai au nord-nord-oueft, diftance de 6 lieues. Comme il y avoit apparence de mauvais tems, je mis à l'autre bord de peur que les vents n'euffent paffé à l'eft : je vis plufieurs bâtimens pêcheurs qui louvoyoïent pour fe relever. Dans la nuit les vents forcerent, & la mer devint affreufe.

Le 18 le vent fut moins fort & la mer tomba, c'eft ce qui arrive toûjours dans ces parages. La mer groffit tout-à-coup, & tombe auffi tout-à-coup avec le vent. Je revirai le cap au nord-oueft pour aller cher-cher la terre. Je parlai à plufieurs bâtimens Hollan-dois, & à un Dunkerquois qui me dit qu'il n'y avoit rien de nouveau dans la flotte. A 6 heures du foir, le tems clair & ferain, je relevai la pointe du fud de Bur-gerfiord au fud-eft, diftance eftimée 8 lieues. Je tirai auffi la vûe d'une montagne qui eft derriere cette pointe, une des plus hautes de la partie orientale.

Planche V.
fig. 12.Voyez planche V, *fig.* 12. Il eft à remarquer que, quoi-

que les terres d'Islande soient très-hautes, il faut
souvent en être fort près pour les voir, parce que leur
sommet toûjours couvert de neige est aussi très-souvent embrumé, comme je crois l'avoir déjà fait obser-
ver. Je sondai en prenant le relevement ci-dessus, &
je trouvai 105 brasses d'eau fond de vase. J'observai
le même jour avec précision la déclinaison de l'ai- Variation.
guille aimantée que je trouvai de 29 degrés. J'étois
à vûe de terre par 67 degrés de latitude.

Le 19, le 20, le 21, les vents variables, tantôt
foibles & tantôt violens, je courus à différens airs de
vent pour examiner le gissement des côtes, & chercher les bâtimens de pêche françois qui font ordinai-
nairement très-disperfés.

Le 22 à 3 heures du matin, le vent à l'est, le ciel
ferain, je portai au nord jusques par la latitude de 69
degrés. Je m'appliquai alors ces vers de *Virgile*.

> » Hic vertex nobis semper sublimis ; at illum
> » Sub pedibus stix atra videt, manesque profundi
> » Maximus hic flexû sinuoso elabitur anguis
> » Circum, perque duas in morem fluminis arctos,
> » Arctos, oceani metuentes æquore tingi.　　*Lib. I. Georg.*

La brume s'étant épaissie & les vents ayant passé
au sud-est, je pris la bordée du sud-sud-ouest, de peur
de m'engager dans les glaces par la brume & par les
courans. Vers le dix heures du soir, le vent devint
furieux & la mer terrible, je portai cependant les
deux basses voiles pour me soutenir. Dans la nuit,

l'amure & la fauffe amure de la grande voile rompi-
rent, le petit foc fut emporté, & en même tems une
lame fracaffa toute la proue & enleva un des minots.

Le 23, le 24 & le 25, il venta du nord & du nord-
eft petit frais, la mer belle, mais la brume étoit toujours épaiffe. Je courus au fud à petites voiles, & en
fondant de deux heures en deux heures. Cette précaution étoit néceffaire ; car, comme nous avions
de la brume depuis plufieurs jours, & que la carte
hollandoife indique que les courans portent à l'oueft
dans le nord de Langernes, j'aurois bien pu rencon-
trer la terre ; mais en fondant de tems en tems, je
n'avois rien à craindre en portant au fud, parce qu'il
y a quarante braffes d'eau à quatre lieues de terre au
nord de Langernes.

Le 26, les vents au nord-oueft frais, beau tems;
j'obfervai à midi 65 degrés 57 minutes de latitude ; je
parlai le foir à plufieurs pêcheurs françois & hollandois, & je vis deux corvettes de Dunkerque qui quit-
toient la pêche & faifoient route pour France.

Le 27, le 28 & le 29, les vents varierent & firent
le tour du compas, le ciel couvert, & fouvent même
de la brume. Comme tous les bâtimens pêcheurs
ont coutume de quitter la pêche du 25 au 30 août ;
je me difpofai auffi à retourner à Breft, d'autant plus
que la brume, qui régnoit continuellement, & les
mauvais tems qui commençoient à fe faire fentir par
continuation, me mettoient dans l'impoffibilité de

rendre aucun fervice ; je paffai ces derniers jours à chercher l'ifle Enkeuyfen , je me mis par fa latitude & je courus différens bords à l'eft & à l'oueft , pour tâcher d'en avoir connoiffance ; mais tous mes foins furent inutiles. Dans la nuit du 28 au 29, nous eûmes quelque inquiétude. La nuit étoit très-fombre, & il faifoit un calme plat. L'officier de quart vint m'éveiller, & m'avertir qu'on entendoit un bruit fingulier. Je me tranfportai auffitôt fur le pont, & j'entendis effectivement un bruit tel que celui que fait la mer lorfqu'elle fe brife contre les rochers. Je fis jetter promptement un plomb de fonde, & filer cent braffes de lignes fans trouver fond. Cependant le bruit continua encore plus d'un quart d'heure, après lequel on n'entendit plus rien. Je penfe que ce bruit n'étoit occafionné que par des bancs de poiffons qui environnoient la frégate, & il y a lieu de croire que l'ifle Enkeuyfen n'exifte plus, puifque de cinq cens bâtimens qui vont tous les ans à la pêche & qui en reviennent, aucun depuis trente ans n'en a eû connoiffance. Cette ifle a peut-être été engloutie par quelques révolutions comme celles de Goubermans ; ou bien par la brume ou le gros tems on a pris un banc de glace pour une ifle.

J'ai promis de parler des ports qui font fitués dans la partie orientale d'Iflande ; comme je touche au moment de quitter ma ftation, je crois que c'eft ici le lieu de faire part au lecteur des inftructions que j'ai été à

Doute fur l'exiftence de de l'ifle Enceuyfen.

portée de prendre fur ce point. Je commencerai par le premier mouillage au fud de Langernes, & je defcendrai fucceffivement jufqu'au bas de la côte. Langernes eft une langue de terre très-longue & très-plate en fa fuperficie ; on peut la voir de fix à huit lieues. Langernes eft placée exactement fous le cercle polaire. Au fud de Langernes il y a un mouillage pour tout vaiffeau quelconque, par 10 à 15 braffes d'eau fond de fable, à l'abri des vents du nord & de l'oueft. Lorfqu'on vient de l'eft pour chercher un mouillage en cet endroit, foit pour fe mettre à couvert du mauvais tems, foit pour faire de l'eau, il faut ferrer la côte fi les vents font nord ; elle eft très-faine, & l'on peut la ranger à portée de fufil. On apperçoit d'abord un mât ou un bâton de pavillon à trois ou quatre maifons ou cabanes. On peut mouiller vis-à-vis de ces cafes, mais il vaut mieux aller plus loin, & laiffant ces cabanes à-ftribord, courir jufqu'à ce qu'on voye d'autres cabanes fur un côteau au bord de la mer, c'eft alors qu'on doit fe préparer à mouiller. Les bâtimens pêcheurs ont coûtume de mouiller vis-à-vis de ces fecondes cabanes à un quart de lieue de terre, mais un vaiffeau de guerre fera très-bien à une demie lieue de la côte. On eft en fûreté dans ce mouillage tandis que les vents font de la partie du nord & de l'oueft ; mais fi l'on voit apparence de vent de fud & d'eft il faut appareiller.

Vapen-fiord eft une bonne baye pour des bâtimens de toute grandeur. On mouille devant les cabanes par

15 à 18 brasses d'eau fond de sable vaseux, mais comme il y a deux roches au milieu de la baye, les gros bâtimens qui ne virent pas bien de bord ne doivent pas y entrer, à moins que les vents ne soient favorables.

Zand-boek est une rade où l'on se met à l'abri des vents de la partie du sud, en mouillant à la côte du sud devant les cabanes des Islandois. Il y a des roches dans la partie du nord de la baye. Entre ces deux ports, il y a une petite isle nommée Bourhick, qui est très-saine.

Burger-fiord est une bonne rade pour des petites frégates ou corvettes. Étant au large, à environ 8 lieues de terre, on découvre une montagne qui a la forme d'une embrasure de canon, & qui sert de reconnoissance pour cette partie de la côte, car elle est placée entre les deux bayes que je viens de nommer.

Lommer-fiord est un très-bon port pour des frégates ; il faut mouiller à stribord, en entrant au pied des cabanes des pêcheurs, par 10 brasses d'eau à une encablure de terre. Derriere cette baye il y a aussi une montagne qui ressemble de loin à une couronne.

Zuider-fiord petite rade pour des pêcheurs, ou de très-petites corvettes.

Meuve-fiord petite rade ouverte aux vents d'est qui y soufflent pleinement.

Ruider-klip est sans contredit le meilleur havre qui soit sur toutes les côtes d'Islande. C'est une rade par excellence, elle eſt exactement fermée, & cinquante vaiſſeaux de guerre peuvent y mouiller, auſſi à l'aiſe qu'en ſûreté. Tous les vents de la partie de l'eſt ſont favorables pour y entrer. On peut mouiller par toute la baye par 25 à 30 braſſes d'eau fond de vaſe, mais le meilleur mouillage eſt au fond de la baye à la côte du nord, après avoir doublé ou dépaſſé une pointe de gravier qui paroît rouge de loin, & qui avançant dans la baye, forme une anſe où l'ancrage eſt excellent. On y mouille par 15 à 18 braſſes d'eau fond de ſable vaſeux. On peut affourcher en envoyant un grelin avec une petite ancre à terre qu'on a ſoin d'enſabler, ou de retenir par des piquets. Cette rade eſt tout ce qu'il y a de mieux en la partie orientale, & même dans toute l'étendue des côtes d'Iſlande.

Kolhom eſt une baye qui offre de bons mouillages; mais ſon entrée eſt difficile; il faut paſſer au ſud d'une iſle nommée Schorres qui eſt devant la baye, parce que dans le partie du Nord il y a un récif qui s'étend très-loin, & rend le paſſage au nord de cette iſle preſque impraticable.

Papei-fiord eſt une rade ouverte, à laquelle l'iſle Papei qui eſt à l'entrée a donné ſon nom.

Preiſter-baye, & Ingelſe-baye ſont encore deux rades peu abrayées; cette derniere eſt ainſi appellée parce qu'elle eſt beaucoup frequentée par les Anglois. Sur le paralelle de ces deux bayes il y a 6 ou 8 lieues au large une roche platte & grande nommée Walſboc,

qui

qui paroît comme le dos d'une baleine. Comme les
pêcheurs m'ont affuré qu'il y a des courans affreux
& des remoux terribles entre cette roche & la terre,
je ferois porté à croire qu'il y a fous l'eau une chaîne
qui tient depuis la roche en queftion jufqu'à terre, &
qu'il y a du danger à y paffer, quoique les pêcheurs
l'ayent plufieurs fois traverfé. Ne pourroit-on pas
croire auffi que l'ifle Enkeuyfen, qu'on place fur le
même paralelle, n'éft autre chofe que l'ifle ou la
roche Walfboc, vûe par un tems de brume par des
pêcheurs qui n'avoient point vû la terre, & qui igno-
roient la diftance dont ils en étoient? Cela eft d'autant plus probable, que la plûpart des patrons des
bâtimens pêcheurs ne favent ni lire ni écrire, & ne
font point en état de faire une bonne obfervation.

Les ifles de Ferro ou Ferroer font fituées dans la
mer du Nord, entre les 61 & 63 degrés de latitude,
& à peu-près entre les 8 & 10 degrés de longitude
occidentale, méridien de Paris. On ne fait point po-
fitivement le tems où ces Ifles furent découvertes,
mais on fait que fous le regne de Harald Haorfager,
roi de Norvege, elles étoient habitées & frequentées
par les étrangers. Vers le onzieme fiecle, la religion
Chrétienne y fut préchée. Le Roi Chriftian III. ayant
introduit la réformation dans fes états, foumit les ifles
de Ferro à un Prevôt qui dépend maintenant de l'É-
vêque de Seeland, & a fous fa direction fept Prédica-
teurs qui deffervent quarante Eglifes. Ces ifles font

S

fous la direction du Baillif d'Iflande. Elles ont outre cela un Juge provincial, un Sénéchal, deux Magiftrats fubalternes, & un Receveur général des domaines du Roi, qui eft auffi Directeur du commerce de ces ifles avec la ville de Copenhague. Le commerce s'en fait pour le compte du Roi par la chambre des Finances. Ces ifles font au nombre de vingt-cinq, dont dix-fept font cultivées & habitées. Elles font divifées en fix paroiffes. 1°. La paroiffe de Norderoë, qui comprend les ifles & églifes fuivantes. *Videroë* qui eft nommée fur le Neptune *Vidro*. *Fulgloë* ou *Fuloë* de deux mille danois de tour. *Suinoë* de la même grandeur. *Bordoë* qui a dans le nord-oueft un bon port. *Canoë*, ou *Kunoë* de trois milles de circonférence, & *Calloë*, ou *Kalfoë* de la même étendue. 2°. *Oftroë*, ou Oefteroë de dix-huit milles de circonférence : elle a fept églifes & deux ports qu'on nomme Fugle-fiord & Konfgaven : ce dernier port eft dans le golfe de Skaale. 3°. *Stromoë*, cette ifle eft de vingt mille de circonférence. On la divife en deux parties ; la partie feptentrionale comprend l'églife principale de Kolde-fiord, & les ports de Wertmanhan & Halderfviig. La partie méridionale comprend la ville de *Thorshan* ou *Thorshaven* qui a un port très-commode, défendu par une redoute. C'eft le chef-lieu de toutes les ifles, le feul où il y ait un marché ; le fénéchal & le directeur du Commerce y font leur réfidence : il y a ordinairement cent hommes de garnifon. Le roi Chriftian III. y a éta-

bli un College que Chriſtian IV. perfectionna en 1647.
Le ſieur Thurot y a relaché dans la derniere guerre,
commandant le corſaire nommé le *Marechal de Beliſle*,
démâté de tous ſes mats pour la troiſieme fois. 4°.
Waagoë, cette iſle a ſix milles de circonférence. Son
égliſe principale eſt près du port de Midvaag. Cette
iſle a encore un autre port nommé Sorvaag, qui eſt
comme le premier dans la partie du ſud de l'iſle. L'iſle
Waagoë eſt celle qui eſt marquée ou nommée *Wage*
ſur le Neptune. 5°. *Sandoë*, cette iſle a huit milles de
circonférence. Il y a un courant terrible dans le ſud
de cette iſle près des iſlots, ou rochers qu'on nomme
Daſnipen & Dasflets. Au ſud de l'iſle Sandoë il y a
deux petites iſles qu'on nomme *Skuoë* & *Stoeredimen*.
Cette derniere qui a un mille de circonférence, eſt
un rocher rond ſi eſcarpé qu'il eſt inacceſſible. Au ſud
de celle - ci eſt l'iſle *Lutteldimen*, où lorſqu'on met des
moutons blancs en paturage, ils deviennent noirs en
trois mois de tems. 6°. *Suderoë*, cette iſle a environ
vingt milles de circonférence. Dans cette iſle eſt le
port de *Lobroë*, au fond du petit golphe de *Vaago-fiord*.
Ce port eſt un des plus ſûrs & des plus commodes de
l'iſle. Il y a un courant très violent & très-dangereux
au ſud de cette iſle, près de Somboë ou Sumby, &
autour d'un rocher nommé le *Moine*, qui eſt à une
lieue & demie au large, & qu'il ne faut point trop
approcher, car j'ai vû des briſans qui s'étendoient à
plus d'un quart de lieue. On dit qu'il y a une mon-

tagne nommée *Famogen* dans l'isle Suderoë , sur laquelle on voit un lac qui a son flux & reflux à la même
heure que dans le port de Lobroë. Il est pleine mer
aux isles de Ferro le jour de la nouvelle & pleine
lune à 12 heures. Ces isles sont sujetes à des brouillards qui causent des rhumes, le scorbut, & les autres
maladies qui viennent de l'humidité. Elles ne sont
autre chose que des rochers couverts d'un peu de terre,
assez féconde cependant pour rendre 20 pour 1. Toute
la moisson est en orge. Les troupeaux de moutons font
la richesse des habitans , dont on porte le nombre à
vingt mille ames. Tout le commerce de ces isles consiste en suif , en peaux , en viande de mouton salé , en
plumes, en edredon, en bas , bonnets & chemises de laine. Ces isles sont assez bien placées sur la carte du Neptune, & sur celle de M. Bellin. La roche nommée *Le-
moine* , qui est au sud de ces isles & qui paroît de loin
comme un bâtiment , est par 9 degrés 5 minutes de
longitude , ou différence occidentale du méridien de
Paris. Ayant pris hauteur dans la ligne est & ouest
corrigée de cette roche , je connus qu'elle est par 61
degrés 17 minutes de latitude. La variation au sud des
isles de Ferro est à mon estime de 19 degrés.

Isles des Or-
cades ou Or-
kney.

 Les Orcades sont un amas d'isles au nord d'Ecosse ,
dont elles ne sont séparées que par le détroit de Pentland, qui a deux lieues & demie de large & quatre &
demie de longueur , on en compte 67 , dont 28 sont
habitées. Ces isles furent très-peu connues des anciens,

car les Hiftoriens ne s'accordent pas fur leur nombre.
Pline & Pomponius-Mela n'en comptent pas plus de
quarante. Ils ont fans doute regardé comme des rochers plufieurs de ces ifles qui font très-petites, que
les habitans appellent *Holms*, & qui fourniffent cependant de bons paturages. Ces ifles ont été gouver-
nées par des Rois particuliers, mais les Ecoffois les
détrônerent lorfqu'ils s'en rendirent maîtres; les Danois, ou plûtôt les Norvégiens s'en emparerent dans
la fuite, mais les Ecoffois les reprirent en 1472. On
les regarde aujourd'hui comme provinces d'Angleterre; elles dépendent du comté de Marton; elles ne
payent tous les ans à l'état que 500 livres fterling. Le
climat de ces ifles eft bon, mais froid & humide. La
recolte eft en orge, qui vient très-abondamment. Les
habitans ont beaucoup de beftiaux & font très-adon-
nés à la pêche, deforte que le poiffon & le bœuf falé
font le principal commerce de ces ifles. Elles fourniffent auffi cependant des fuifs, des cuirs, du fel, des
peaux de lapin, de l'orge & des étoffes de laine. Les
côtes qui environnent ces ifles offrent par-tout des
bayes & des anfes qui forment des ports & des mouillages excellens, mais il faut les connoître pour y entrer fans danger, car les marées y font très-fortes,
& les courants très-violents. Un maître de navire de
Dunkerque m'a rapporté un trait bien frappant des
courans des Orcades; il m'a dit que s'étant trouvé de
calme dans un corfaire de Dunkerque, à environ deux

lieues de terre dans la partie du nord, le corsaire avoit
été entraîné par le courant & la marée au milieu de ces
isles, qu'ils avoient mouillé une ancre, que le cable fut
coupé dans un instant, & qu'ils étoient au moment de se
perdre, lorsqu'il vint des pêcheurs qui par le secours
d'un petit vent qui s'éleva, les firent sortir par l'ouest
de ces isles, après avoir traversés mille dangers &
des remoux épouvantables. Le marin de qui je tiens
cette aventure m'avoua qu'ils avoient eû une frayeur
mortelle, qu'ils s'attendoient que leurs guides avec
qui ils étoient en guerre, alloient les conduire dans
quelque port où ils seroient retenus prisonniers, &
qu'ils furent très-étonnés de sortir de ces isles à bon marché, car il ne leur en coûta que dix pots d'eau-de vie
par convention. Cet Officier corsaire ignoroit sans
doute qu'il est un parti à prendre en pareille occasion
vis-à-vis d'un pilote étranger, c'est de lui promettre
une forte recompense lorsque le navire sera hors de
danger, & de l'assurer en même-tems qu'il perdra la
vie s'il arrive quelque accident au bâtiment.

Il ne m'est pas possible de décrire tous les ports &
mouillages des Orcades. N'ayant point été à portée
d'en prendre connoissance, je n'ai pû que sonder ces
Planche IX.
fig. 13 & 14. côtes, & en tirer des vûes. Voyez planche IX, fig.
13 & 14. Les sondes seront marquées sur la carte de
M. Bellin ; je me contenterai de dire ici que dans la
partie du nord des Orcades où j'ai sondé, on trouve
50 brasses d'eau fond de roche à deux petites lieues de

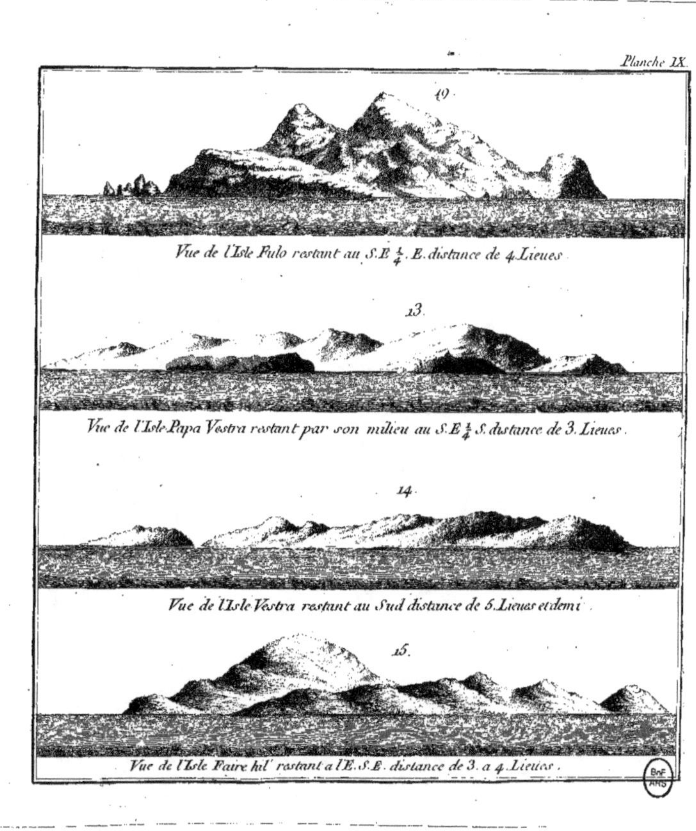

Vue de l'Isle Fulo restant au S.E. ¼. E. distance de 4 Lieues.

Vue de l'Isle Papa Vestra restant par son milieu au S.E ¼ S. distance de 3. Lieues.

Vue de l'Isle Vestra restant au Sud distance de 5 Lieues et demi.

Vue de l'Isle Faire hil' restant a l'E. S.E. distance de 3. a 4. Lieues.

terre, & qu'on m'a dit qu'il y avoit 30 braffes d'eau à
un quart de lieue de la côte. Ainfi, lorfqu'on trouve
moins de 50 braffes d'eau , il eft tems de revirer
fi l'on ne veut pas s'engager dans les courans. Je
dirai auffi qu'ayant pris hauteur avec un très-bon
Octand, affez près de terre pour être affuré des relevemens & des diftances, j'ai trouvé que ces ifles font
fix minutes plus fud qu'elles ne font marquées dans
le Neptune (a). Voilà les feules obfervations que j'ai
faites fur ces ifles; au refte ce que j'en appris de différens Navigateurs s'accorde à peu près avec ce qu'en
dit M. Bellin dans fon *Effai fur les Ifles Britanniques*, &
avec une carte à grands points de ces ifles, & de celles
de Chettland, qui m'a été donnée à Bergues par un
Capitaine marchand qui va tous les ans aux Orcades
& à Chettland. J'ai jugé à propos de rapporter ici
les notes de M. Bellin fur ces ifles, après y avoir fait
les corrections néceffaires & des additions qui pourront être utiles.

   Pomona ou Pomonia eft la plus grande & la principale de toutes ces ifles (b). Les terres en font très-
hautes dans la partie de l'oueft. C'eft dans ces ifles
qu'eft la ville de Kirkwal, capitale des Orcades & la
réfidence de l'Evêque. Cette ville eft dans la partie du
nord; elle a un port & une rade; mais les ports les

Remarques
fur la latitude.

Kirkwal.

____

(a) Neptune ou cartes réduites des Ifles Britanniques gravées en 1757.
(b) L'ifle Pomona fe nomme auffi Mainland, qu'il ne faut pas confondre
avec l'ifle Mainland de Chettland.

plus confidérables de l'ifle font *Schapa* à l'oppofite de Kirkwal, *Cairfton*, *Caerfton* & *Dierefound*.

Le port de Cairfton eft dans le fud-oueft de Pomona. C'eft un port très-fûr, & propre pour la navigation de l'oueft, il y a plufieurs paffes entre les ifles pour s'y rendre La paffe nommée *Hamfoud*, qui eft au fud de Pomona, eft très-bonne pour les navires qui viennent de l'eft. On navigue dans cette paffe en laiffant à ftribord la pointe de Roft net ou Roffenès, qu'il ne faut point trop approcher parce qu'elle à une batture, il eft vrai qu'elle ne s'étend pas au large. Cette pointe de Roft-net eft au fud de Pomona. On laiffe enfuite à bas bord la petite ifle de Lamholm, delà on cotoye Pomona, & fi l'on eft contrarié par les vents ou la marée, on peut mouiller par 6 braffes d'eau dans un enfoncement qu'on voit à ftribord au fud de Pomona; c'eft ce qu'on appelle rade de Schapa: fi le tems eft favorable, on continue en cotoyant Pomona; on trouve une petite ifle fur la route que les gens du pays nomment *Barrer-Botter*; elle eft faine, & on la laiffe indifféremment à ftribord ou à bafbord felon le vent. On paffe au nord de Carra, on trouve encore une très-petite ifle auffi très-faine & à égale diftance de Carra & de Pomona; delà en fuivant le nord-oueft-quart-de-nord on fe rend dans le port de Cairfton, où l'on mouille par 7 braffes d'eau dans la rade; mais fi l'on veut s'enfoncer davantage & approcher de terre, on mouille par 4 braffes d'eau très en fûreté

fûreté à l'abri de tous les vents, & l'on ne fent ni courans ni marée.

Cairfton eft une petite ville au fond du port ; on
y trouve des rafraichiffemens. Il eft plus facile de venir à Cairfton par l'oueft, & la route eft bien plus
courte ; mais il faut avoir attention de ne point ranger la pointe du fud de Pomona, car cette pointe eft
garnie de roches. Il y a encore une bonne paffe pour
fe rendre entre les ifles de *Soult – Ronalza* & Burra,
mais elle eft très-étroite ; il eft très-dangereux d'y
donner à moins d'avoir un vent fûr & favorable. Dans
le fud de Pomona la marée porte au fud-eft dans les
nouvelles ou pleines lunes, & la mer marne de 12 pieds.

Le port de Dierefound eft dans le nord-eft de Pomona en dedans de Mulhead, la pointe la plus orientale de Pomona, & à une lieue à l'oueft de cette pointe.
Mulhead eft une terre très-élevée & remarquable ;
elle eft d'ailleurs faine & efcarpée. Il y a deux roches
à l'eft, & deux autres au nord-nord-oueft, mais elles
font très-près de terre. L'entrée du port de Dierefound a environ un tiers de lieue de largeur ; il faut
en prendre le milieu, car il y a quelques roches à terre
fous l'eau, fur-tout vers la pointe qui eft à ftribord en
entrant. Après avoir doublé cette pointe, on entre
dans le port où l'on peut mouiller par-tout ; mais pour
être plus à couvert, on fe range à l'oueft de la pointe
de Neftin, qui eft celle de ftribord en entrant, où l'on
mouille par 5 braffes d'eau. Les petits bâtimens vont

Port de Diere-
found.

T.

dans le fud de Dierefound, dans un enfoncement nommé *Marketbay*, où ils mouillent par 3 braffes d'eau ; il faut prendre garde à la marée pour y entrer, car dans le milieu de cet enfoncement il y a un petit banc fur lequel il ne refte de baffe mer que 5 pieds d'eau. La mer monte de 12 pieds à Dierefound dans les grandes marées, & de 8 pieds dans les marées ordinaires.

Port de Kirkwal. Le port de Kirkwal eft dans le nord de Pomona. Pour s'y rendre de la partie de l'eft, il faut donner dans la paffe appellée Stronfafirth, au fud de l'ifle Stronfa, & au nord de Mulhead. On range le cap, on paffe devant Dierefound entre le nord de Pomona & le fud de l'ifle Schapinsha, laiffant l'ifle nommée Elgarholm à ftribord, & celle de Théevesholm à bafbord ; auffi-tôt qu'on a dépaffé cette derniere ifle, on fait route au fud-fud-oueft, pour éviter une roche qui eft à un tiers de lieue dans le nord-oueft de Théevesholm, fur laquelle il ne refte à mer baffe que 6 pieds d'eau. On gouverne enfuite au fud-quart-fud-oueft pour entrer dans la rade de Kirkwal, où l'on mouille par 6 à 8 braffes d'eau. On peut s'approcher de la ville qui eft au fond de la baye ; on y eft plus à couvert ; mais on n'eft pas fi bien pour l'appareillage. Il y a un excellent Moonos. mouillage à une lieue & demie à l'oueft de Kirkwal qu'on nomme *Moonos-Bay* ; on y mouille par 6 braffes d'eau, & l'on y fent moins les courans que dans la rade de Kirkwal. Mais comme il y a des roches fous l'eau ftribord & bafbord en entrant à Monoos-Bay, il

faut fe tenir au milieu du canal; il feroit même prudent de prendre un pilote-pratique du lieu; on en
trouve en tout tems.

L'ifle Roufa eft au nord de Pomona ; elle a peu
d'étendue, mais les terres font affez hautes. Entre
Roufa & Pomona les courans font très-violens.

A l'eft de Roufa eft le mouillage nommé Wirefound.
Pour entrer à Wirefound en venant de l'eft il faut paffer
dans Stronfafirth, mais au lieu de prendre au fud de
l'ifle Shapinsha, on prend au nord, laiffant à ftribord
les ifles de Warms & Graen ; après quoi on fait l'oueft-
fud-oueft pour laiffer l'ifle d'Egilsha, & celles de Wire
& Roufa à bafbord; c'eft entre Roufa & Egilsha
qu'eft le mouillage de Wirefound, on y mouille par
6 ou 7 braffes d'eau. L'entrée de ce mouillage eft fans
danger, il faut feulement prendre garde à quelques
roches qui s'étendent à un tiers de lieue de terre dans
le fud d'Egilsha ; pour les éviter, il ne s'agit que de
fe tenir à une demie lieue de cette pointe, & de ranger
l'ifle de Wire qui a donné le nom au mouillage. Pour
être bien mouillé dans Wirefound, il faut mettre l'é-
glife de fainte Agnès, qui eft fur l'ifle d'Egilsha, au
nord-eft-quart-eft. La marée n'eft pas forte dans cette
rade, qui eft très-fréquentée par les pêcheurs qui vont
en Iflande. On peut fortir de Wirefound par une petite
paffe au nord du mouillage entre l'ifle de Roufa & la
petite ifle de Scocknefs. Il y a dans cette paffe 4 braffes
d'eau à mer baffe, mais elle eft très-étroite. En fortant

T ij

de cette passe on se trouve dans le Westra-firth, ou détroit de Westra. On appelle le Westra-firth le canal ou débouquement qui est entre Rousa & Westra ; les courans y sont très-violens, sur-tout dans les grandes marées. Quand on sort par ce canal, il faut avoir attention de ranger l'isle Rousa, parce qu'il y a vers le milieu du canal, dans le sud-ouest de Westra, des roches très-dangereuses sous l'eau. Lorsqu'on veut sortir de Wiresound par l'ouest, laissant les isles de Wire & de Pomona à basbord, & l'isle de Rousa à stribord, on a soin de cotoyer l'isle Rousa, & quand on découvre à l'ouest une isle que les habitans du pays appellent *Inhalla*, on gouverne pour la ranger dans le sud & la laisser à stribord, parce qu'il n'y a pas de passage dans le nord de cette isle : il faut un vent bien frais pour refouler les courans dans cette passe. On peut encore se rendre à Wiresound en venant de l'est par la passe de *Sanda-sound*. Cette passe est entre les isles de Sanda & de Stronsa, en laissant Sanda & Eda à stribord, & Stronsa & Schapinsha à basbord.

Après avoir fait connoître les passes & les mouillages qui sont dans l'intérieur des Orcades, je ferai mention de ce qui concerne l'extérieur ; ce qui n'est pas moins important pour les vaisseaux qui peuvent être affalés sur ces côtes. Je commencerai par la partie du sud ou le détroit de Pentland ou Pligtland, qui est, comme je crois l'avoir dit, entre l'Ecosse & les Orcades. Quand on vient de l'est pour donner dans ce

paſſage, il faut ranger à un tiers de lieue une iſle qui
eſt à l'entrée. On peut indifféremment la ranger au
nord ou au ſud. Lorſqu'on a dépaſſé cette iſle, il eſt
néceſſaire de ſe tenir à mi-canal, & d'accoſter plûtôt
les Orcades que les terres d'Ecoſſe, parce qu'il y a
beaucoup de roches ſous l'eau du côté de l'Ecoſſe ;
mais lorſqu'étant au ſud de l'iſle Hoy on releve à
l'oueſt ou à l'oueſt-quart-ſud-oueſt une iſle qui ſe trouve
dans le milieu du détroit, & que l'on n'eſt pas à plus
d'une lieue & demie de cette iſle, on n'a plus rien à
craindre de la côte d'Ecoſſe ; il eſt égal de paſſer au
nord ou au ſud de cette iſle, parce qu'il y a par-tout
25 braſſes d'eau. Quand on a dépaſſé cette iſle nommée *Stroma*, le canal s'ouvre, & les courans ſont moins
forts. Il ne faut point ranger de trop près l'iſle *Stroma*,
parce qu'elle eſt environnée de roches. Au nord-nord-
eſt de l'iſle Stroma on voit dans l'iſle de Hoy une anſe
où l'on peut mouiller à quatre braſſes d'eau. Dans la
partie de l'eſt des Orcades les côtes ſont aſſez ſaines.
Il y a preſque par-tout 30 braſſes d'eau à une demie
lieu de terre. Lorſqu'on louvoye ſur ces côtes, on
peut, ſans rien craindre, les approcher, & prolonger
ſes bordées ſi le vent eſt frais ; mais s'il y a apparence
de calme, il faut ſe tenir plus au large de peur d'être
entrainé par les courans. Dans la partie orientale des
Orcades, la pointe de Sanda eſt la ſeule dangereuſe ;
cependant les roches qui ſont à cette pointe ne vont
pas plus d'une demie lieue au large dans le nord-eſt

Au nord de cette pointe eſt une petite iſle qui n'eſt ſaine que dans la partie du ſud; on y peut mouiller pour ſe mettre à l'abri d'un vent de nord. Cette iſle ſe nomme *Nord Ronalſa*. Dans la partie ſeptentrionale de l'iſle de Sanda il y a ſous l'eau deux roches près de terre; mais à deux lieues dans le nord-quart-nord oueſt de la pointe du nord il y a une roche dangereuſe qui couvre & découvre.

Tout bâtiment peut mouiller dans le nord de l'iſle *Eda*, au ſud d'une petite iſle très-ſaine qu'on nomme *Kal-of-Eda*. A la pointe du nord de *Weſtra*, il y a des rochers à un quart de lieue de terre, mais le ſud de cette pointe préſente une anſe ouverte à l'eſt, où une frégate peut mouiller pour ſe mettre à couvert d'un vent d'oueſt ou de nord-oueſt. A une lieue dans le nord-eſt de ce mouillage eſt l'iſle de Papa-Weſtra environnée de roches à l'oueſt, au nord & à l'eſt. Elles s'étendent à plus d'un quart de lieue dans la partie de l'eſt. Toutes les côtes occidentales des Orcades ſont en général très-ſaines; on les approche d'auſſi près qu'on veut, mais il faut ſe méfier des courans qui portent dans les détroits. J'ai obſervé ſur ces côtes, en 1768, 20 degrés 40 minutes de variation. Il ne faut point oublier de dire qu'il y a des roches à environ dix lieues à l'oueſt des Orcades, par la latitude de 59 degrés 2 ou 3 minutes. Il y en a une qui veille ou qui paroît; on la nomme en anglois *Thé Stacks*, ou *la pile de Bois*. A une lieue dans le nord de celle-ci, il s'en trouve d'autres fous l'eau fur lefquelles il ne refte que 3 braffes d'eau. Il eft pleine mer aux Orcades dans les nouvelles & pleines lunes à 2 heures 45 minutes.

Entre les ifles Orcades & celles de Schettland il y a une petite ifle qu'on nomme *Fair* ou *Fairhil.* Comme cette ifle eft au milieu d'un paffage très-fréquenté, qu'on nomme Antonnoir, je me fuis attaché à l'obferver; j'en ai même tiré des vües * qui feront d'autant plus utiles, que les courans auxquels on eft continuellement expofé dans ces parages, mettent fouvent le Navigateur dans des incertitudes embarraffantes fur fa pofition. L'ifle Fair eft placée fur la Carte de M. Bellin gravée en 1757, par 59 degrés 30 minutes de latitude. Elle eft felon moi, 3 minutes plus fud. Cette ifle eft affez haute, elle peut fe voir de 10 lieues d'un beau tems; elle eft faine, fur-tout dans la partie du fud & de l'eft. Dans la partie du nord & de l'oueft il y a quelques roches, mais elles font près de terre. Dans ma feconde campagne j'ai prolongé cette ifle à une petite lieue de diftance dans la partie du fud, & j'y ai remarqué une jolie plaine de verdure & plufieurs maifons, dont l'une fe faifoit diftinguer par fa blancheur. Il m'a parû que c'eft dans cet endroit, au pied de la coline, qu'eft le mouillage marquée fur la carte Hollandoife, car la côte y forme un enfoncement où l'on doit être à l'abri des vents depuis le nord-oueft juf-

Ifle Fair ou Fairhil.

(a) Voyez planche IX, fig. 15, & planche X, fig. 16 & 17.

qu'au nord-eſt. L'iſle Fair peut avoir 6 lieues de tour. Les maiſons que j'ai vûes ſur cette iſle annoncent qu'elle eſt habitée, & des gens de mer m'ont aſſuré que s'étant trouvé dans un beau tems à une lieue de terre, il étoit venu des habitans à bord du bâtiment corſaire où ils étoient pour leur vendre des œufs & des poules, & leur propoſer des moutons à bon marché. Nous ſavons d'ailleurs que l'iſle Fair eſt fertile en orge, & en bons paturages. Il y a ſelon moi, 19 degrés de variation à l'iſle de Fairehil, & je la place par 3 degrés 29 minutes de différence occidentale du méridien de Paris.

Iſles de Schettland.

Au nord de l'iſle Fairhil ſont ſituées les iſles de Schettland ou Hitland, qui n'en ſont éloignées que de 7 à 8 lieues. Ces iſles ſont très-hautes ; elles ſont différemment jettées & configurées ſur les cartes françoiſes, hollandoiſes & angloiſes, au point qu'il n'y a aucune conformité ni aucune reſſemblance entr'elles. Il faudroit paſſer pluſieurs jours ſur les côtes à les examiner, à les relever, & à y faire des obſervations de latitude & de longitude, pour connoître les defectuoſités des différens plans, & pour pouvoir donner des corrections ſur ces iſles. Je n'ai pû faire ces opérations ayant ma miſſion à remplir ; mais d'après mes remarques & les entretiens que j'ai eûes avec pluſieurs Navigateurs, dont j'ai comparé les rapports avec les notes de M. Bellin & celles du Routier hollandois, je me ſuis mis à portée de donner des renſeignemens

pour

Vue de la Pointe Septentrionale de la Grande Isle,
restant au N.E. $\frac{1}{4}$ N. distance de 9. Lieues.

Vue de l'Isle Henne A. restant au S.E. $\frac{1}{4}$ S. distance de 4 Lieues
et d'un Morne B dans les Terres.

Vue de l'Isle Fulo restant au S.E. $\frac{1}{4}$ E. distance de 8. Lieues.

Vue de la Pointe A. du Sud de Burger fiord restant au S.O.
distance de 8. Lieues, et d'une Montagne au S.O. $\frac{1}{4}$ S. distance de 13. Lieues.

pour la navigation sur ces côtes & l'entrée des ports principaux. Quant à la différence par rapport à la position à la configuration, à la latitude de ces isles, selon le Neptune françois & le plan hollandois, qui m'a été donné, je dirai que la carte françoise est plus exacte pour les latitudes, mais que je préfere sur ce que j'en ai vu, la carte hollandoise pour la figure & le gissement des terres. Cependant l'isle Fulo est très-mal placée pour sa latitude sur le Neptune françois de 1757. Cette isle est située sur la carte françoise par 60 degrés 19 minutes de latitude, & trois observations consécutives faites à vue, & très-près de terre me la font placer par la latitude de 60 degrés 3 minutes. L'isle Fulo est à trois lieues un tiers à l'ouest des isles de Schettland ; elle est très-haute, nous l'avons vue de seize lieues. Comme elle est plus remarquable qu'aucune autre de Schettland, qu'elle est éloignée de terre & que sa reconnoissance est essentielle pour les navigateurs, j'en ai tiré des vues. Voyez planche V. fig. 18, & planche IX. fig. 19. En la voyant de huit à dix lieues, elle a la forme d'une pantoufle : elle est très-saine, & l'on peut passer hardiment entr'elle & les autres isles de Schettland, car il y a dans le canal qu'elles forment, plus de deux lieues de louvoyage. J'ai observé sur cette isle la déclinaison de l'aiguille aimantée de 18 degrés 30 minutes. A dix-huit lieues à l'ouest de Fulo j'ai trouvé quatre-vingt brasses d'eau fond de gros sable gris avec

V

taches noires. A mesure qu'on approche de terre, le fable est plus mêlé de gravier & de pierre, & à quatre lieues de l'isle, il y a soixante-dix brasses d'eau fond de graviers & pierres noires. A l'est de cette isle sont les isles de Schettland (*a*), sur le nombre desquelles les auteurs ne font point d'accord ; mais il n'y en a que trois de grandes, dont la principale est l'isle de Mainland. Le climat de ces isles est le même que celui des Orcades, le terroir produit également de l'orge & de l'avoine ; les pâturages sont aussi très-abondans. La pêche & les troupeaux de bœufs, de vaches & de moutons font la richesse des habitans. Ces insulaires sont d'origine norvégienne. Leur langue est un dialecte gothique, qui tient du danois, & sur-tout de l'anglois. Ils font du feu avec de la tourbe, parce qu'il n'y a point d'arbres sur toutes ces isles. Ils suivent la Religion Réformée. Ces isles font bien peuplées, sur-tout le long des côtes, qui offrent plusieurs baies, anses, ports & mouillages.

L'isle Mainland a 17 lieues du nord au sud, & 5 lieues de l'est à l'ouest dans sa largeur moyenne. Cette isle seule renferme plus de ports & de mouillages que les isles d'Yelle, d'Unst, & toutes les autres ensemble. Je ne parlerai même que de ceux qui font en l'isle de Mainland parce que les autres ne font point fréquentés, ni propres à recevoir des bâtimens de toute gran-

Isles de Schettland.

Ports & mouillages.

(*a*) Ces isles appartiennent aux Anglois, ainsi que les Orcades.

deur, & qu'il faut abfolument des pilotes du lieu pour y entrer. Commençons par la partie la plus méridionale de Mainland, où il y a un mouillage pour une efcadre de dix vaiffeaux au nord d'une petite ifle nommée *Peerdeyl*. On entre dans cette rade par l'eft ou l'oueft de cette ifle qui eft faine, & l'on mouille par 12 à 16 braffes d'eau fond de gros fable. Cette rade eft à l'extrémité d'un cap très-élevé & très-reconnoiffable, nommé le cap Swynburger - Hooft ou Swynburger-Head. Voilà ce qu'il y a de mieux dans cette partie. M. Bellin défigne trois autres mouillages entre ce cap & le cap Fitzul, qui eft la pointe la plus occidentale des terres du fud, mais ces mouillages font mauvais, parce qu'on y eft expofé à des tourbillons de vent qui rendent la mer affreufe. Il n'y a que la baye de Quendale qui puiffe recevoir de gros vaiffeaux. Elle eft grande & fpacieufe; on y entre & l'on en fort aifément. Dans toute la partie de l'oueft il n'y a qu'une rade propre à recevoir des bâtimens de guerre, c'eft celle que les Hollandois nomment Magny-fiord. Son entrée eft à 3 lieues au nord du cap, nommé Fitzul par les François, & *Nord - coeft - head* par les Anglois. Dans la partie de l'eft font les meilleurs ports & mouillages. A quatre lieues dans le nord du cap Swynburger-Head on voit dans la partie de l'eft une petite ifle nommée *Connix - Eyl*, qui forme avec la grande terre une rade excellente qu'on appelle Hamborger-Haven, ou havre d'Hamborger. On y mouille par 8 braffes

V ij

d'eau. On peut y entrer par le nord & par le fud ; mais la meilleure rade de toutes les ifles de Schettland eft celle de Laerwick, qui eft environ quatre lieues plus nord que la dernière. La rade de Laerwick peut contenir une armée navale. Il y a chaque année vers la S. Jean cinq cens navires de pêche mouillés devant la ville de Laerwick. Les Hollandois qui font tous les ans la pêche du harang fur ces côtes, nomment cette rade la grande Baye ou la baye de Braffa-Sound, à caufe de l'ifle de Braffa qui forme la rade & la garantit des vents d'eft. Pour entrer dans la rade de Braffa par le fud il faut laiffer à ftribord l'ifle de Braffa à une encablure, & fuivre le canal pour aller devant la ville de Laerwick ; où l'on mouille par 5, 10 & 15 braffes d'eau, felon que l'on veut aller plus ou moins près de terre & de la ville. Au nord de la ville font les veftiges d'un fort qui battoit la rade, & qui a été détruit par M. Bart. On connoît facilement l'entrée de la rade de Laerwick par l'ifle Noff, qu'on nomme auffi *Hang-Clif* ou *Han-glip*, à caufe d'une roche remarquable qui eft pendante dans la mer & forme une voûte naturelle. Cette ifle eft à l'eft de Braffa, & fert de reconnoiffance pour le port de Laerwick ; la mer marne de 8 pieds dans cette rade aux grandes marées, & de 5 pieds dans les marées ordinaires. La marée n'eft point forte dans la baye de Laerwick ; le flot y entre par le fud de Braffa, & le jufan porte au fud par conféquent. La marée eft plus forte vers le nord du canal & la paffe eft plus difficile.

Voici comme on fort par le paffage qu'on nomme *Nort - Sound*, & les précautions qu'on doit prendre. J'ai dit que le flux portoit au nord. Il faut appareiller de là rade de Laerwick aux deux tiers du flot. On fait route pour laiffer à ftribord, à un tiers de lieue, une petite ifle qui fe nomme Holm of Cruefter, à caufe des roches qui font fous l'eau, à un demi-quart de lieue à l'oueft de cette ifle. Lorfqu'on a doublé cette ifle, & qu'elle refte à l'eft-quart-fud-eft, on n'a plus rien à craindre de ces roches qu'on nomme *Fabarre*. On continue fa route en fuivant le milieu du canal, jufqu'à ce qu'on voye la paffe fe rétrécir ; alors, pour éviter un banc qui eft dans le milieu du plus étroit de la paffe, & fur lequel il n'y a de baffe mer que 12 pieds d'eau, il faut paffer de l'un ou de l'autre côté de ce banc : fi l'on range le côté de l'ifle Braffa on doit s'en tenir à deux encablures, mais fi l'on range la côte de l'oueft on peut s'en approcher à une demi-encablure, parce qu'elle eft très-faine ; en fortant de ce goulet on trouve la route plus large, mais on la voit bientôt fe rétrécir encore plus qu'auparavant. Il s'agit alors de bien gouverner, & de ranger un iflet ou un rocher qu'on nomme Scotland de préférence à la côte de Braffa, parce que dans cette partie l'ifle Braffa eft garnie de roches fous l'eau qui s'étendent à un tiers de lieue de terre. Lorfqu'on a doublé l'ifle ou la roche Scotland & la pointe la plus feptentrionale de Braffa, le paffage devient très-beau entre les rochers nommés *les Freres*

& l'ifle de *Green* qu'on laiffe à bafbord, & l'ifle deBeofter au nord de Braffa qu'on laiffe à ftribord. Lorfqu'on a doublé l'ifle de Beofter on eft forti de la paffe de Nort-Sound, & on fait la route qui convient.

Au nord de l'ifle de Braffa, entre cette ifle & la pointe de Mainland, nommée *mull of Enveeck*, la mer forme une grande baye où l'on trouve quatre bons mouillages. On les nomme *Deals-Woe, Laxford-Woe, Wedbfter-Woe* & *Catford-woe*. Je ne ferai point la defcription des trois premiers mouillages qui ne peuvent recevoir que des bâtimens marchands ou des corvettes ; mais le mouillage de Catford-Woe, qui eft le plus nord des quatre, eft auffi le plus grand. Il forme trois enfoncemens qui fourniffent trois bons ports ; l'un eft à l'eft-fud-eft, l'autre au oueft-nord-oueft, & le troifieme au nord. Ces ports font propres pour tous vaiffeaux de guerre, & l'on s'y trouve à l'abri de toutes fortes de vents. On y mouille depuis 3 jufqu'à 15 braffes d'eau, felon que l'on veut s'approcher de terre. Lorfque de la partie de l'eft des ifles de Schettland on veut venir dans l'un de ces trois ports, il faut reconnoître l'ifle de Nofl & la roche Hanglip, enfuite faire le nord-oueft pour paffer entre les ifles de Green qu'on laiffe à ftribord, & les roches nommées les Freres qu'on laiffe à bafbord. On peut auffi, fuivant les vents, paffer entre l'ifle Green à bafbord, & Houfe-Stack & Glatnefs à ftribord. Du cap de Swynburger-head à Noneff, le flot porte au nord. De Noneff à Braffa il porte au

16.

Vûe de l'Isle Faire hil au N.E. ¼ E. distance de deux Lieues.

17.

Vûe de l'Isle Faire hil restant a l'Ouest et O. ¼ N.O. distance de 3. Lieues.

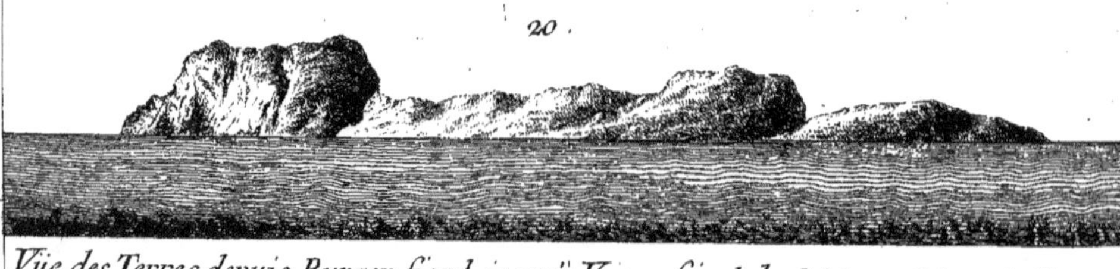

20.

Vûe des Terres depuis Burger fiord jusqu'à Vapen fiord du O.S.O. au O. ¼ S.O. distance de 8. Lieues.

21.   22.

Vûe d'une partie de l'Isle Unst restant au S.E. distance de 5. Lieues.   Vûe de la même partie restant au N.O. distance de 6. Lieues.

fud, & de Braffa à Catford-Woe il porte au fud-fud-
eft. Le jufant fait le contraire. Dans la partie de l'oueft
le flot porte au fud depuis le cap Swynburger-head
jufqu'à Scalluwa , & le jufant porte au nord.

Il me refte à parler des fondes pour l'attérage. J'ai
déjà dit qu'en approchant ces ifles le fond qui eft toûjours de gros fable eft plus mêlé de gravier & de pierres,
Il y a tout à l'entour de ces ifles environ 75 braffes
d'eau à quatre lieues de terre. Il faut cependant obferver que dans la partie de l'eft, à cinq ou fix lieues
de terre , il y a trois ou quatre trous ou puits où
l'on trouve plus de 100 braffes d'eau. A quatre lieues
dans le nord de l'ifle *Unft*, la plus feptentrionale de
Schettland, j'ai pris hauteur d'un beau tems dans ma
feconde campagne , & j'ai connû que les terres les
plus nord de l'ifle Unft font par la latitude de 60 degrés
44 minutes. Etant à cinq lieues dans le nord-oueft de
l'ifle Unft, j'en ai tiré une vûe très-remarquable. Voyez
planche X, fig. 21 & 22. Les terres de Schettland ne
font pas bien hautes ; on peut cependant d'un beau
tems les voir de dix lieues. A douze lieues à l'eft de ces
ifles, j'ai obfervé 18 degrés 42 minutes de variation.
Je reprends la fuite de mon Journal.

Le 29 août, j'étois à quarante lieues des ifles de
Ferro. La roche au nord de ces ifles qu'on nomme
l'Evêque me reftoit au fud à la diftance que je viens
de marquer.

Le 30, les vents ont varié du fud-eft au fud-oueft,

Planche X.
fig. 21 & 22.

Variation.

foibles, la mer belle, & continuation de brume. J'ai tenu le plus près ſtribord ou bas-bord amure ſelon les vents pour gagner ſud, & tâcher de voir l'iſle Enkeuyſen, je faiſois ſonder de tems en tems, parce que j'appercevois des remoux ou lits de marée, mais je n'ai point trouvé de fond.

Le 31, les vents de la partie du ſud petit frais, brume épaiſſe, j'ordonnai à l'officier qui avoit le premier quart de nuit de reſter en panne juſqu'au jour, & de changer la panne en cap ſi le vent augmentoit. Les vents ayant paſſé à l'eſt avec violence, l'officier de quart vint me rendre compte qu'il avoit mis à la cape à la miſaine, parce qu'il ventoit beaucoup de l'eſt & de l'eſt-ſud-eſt, la mer très-groſſe. Comme le vent étoit favorable pour retourner en France, que depuis pluſieurs jours je n'avois aucune connoiſſance des pêcheurs, que la ſaiſon étoit très-avancée pour la pêche, & que les brumes continuelles ne me permettoient plus de rendre aucun ſervice aux bâtimens françois, je fis gouverner à l'oueſt-ſud-oueſt ſous la miſaine, & les huniers pour paſſer entre l'Iſlande & les iſles de Fero, & de-là continuer ma route pour Breſt.

Le premier ſeptembre, les vents toujours de la partie de l'eſt, gros frais, j'obſervai à midi 60 degrés 8 minutes de latitude, & j'étois, ſuivant mon eſtime, par 15 degrés 58 minutes de différence occidentale du méridien de Paris. Le milieu du banc dont j'ai parlé

parlé au commencement de mon Journal, me restoit à l'ouest-quart-sud-oueft corrigé, diftance de
vingt-cinq lieues, & l'ifle Rokol me reftoit au fud, Ifle Rokol.
diftance de quarante-cinq lieues. L'ifle Rokol n'eft
marquée fur aucune carte françoife; mais je fuis très-
certain qu'elle exifte. J'ai prié M. Bellin de la placer : elle eft par 57 degrés 50 minutes de latitude,
& par 16 degrés de longitude occidentale. Cette ifle
eft très-faine ; c'eft un rocher efcarpé, qui paroît de
quatre lieues comme un navire, on l'a pris pour tel
plufieurs fois. Dans l'eft de l'ifle Rokol, à un quart
de lieue, il y a une roche fous l'eau qui brife. Par la
même latitude à-peu près que l'ifle Rokol, il y a une
autre ifle, mais qui eft bien plus à l'oueft. C'eft l'ifle Ifle Bus.
Bus ; elle n'eft pas non plus fur les cartes françoifes,
mais elle exifte par 58 degrés de latitude, & 28 degrés de longitude occidentale. Dans la nuit du premier au deux nous vîmes une aurore boréale, qui
nous donna le plus beau fpectacle que peut offrir la
Nature. Depuis dix heures du foir jufqu'à une heure
après minuit, le ciel fut tout en feu dans l'hémi-
fphere arctique, la nuit étoit auffi brillante que le
jour, je lifois une lettre à minuit auffi facilement que
je l'aurois fait à midi. Nous vîmes premierement une Aurore bo-
nuée lumineufe en forme d'arc, qui occupoit la moi- réale.
tié du firmament. Il en fortit vers onze heures des
colonnes perpendiculaires à l'horifon alternativement
rouges & blanches. La partie fupérieure de ces co-

X

lonnes fe changea vers minuit en des gerbes de couleur de feu, du centre defquelles fortoient des traits
ou des lances qui s'élevoient dans les airs comme des fufées ; enfin après minuit ces colonnes
qui étoient arrangées avec la plus admirable fymé-
trie, fe confondirent tout-à-coup dans un brillant
cahos de cônes, de pyramides, de rayons, de gerbes
& de globes de feu. Ce feu célefte s'éteignit infenfi-
blement ; mais la nuit fut lumineufe jufqu'au jour.

On a vu de ces phénomenes en divers fiecles &
en divers pays (a) ; mais quelle en eft la caufe ? Pourquoi fe font-ils remarquer du côté du Nord ? Comme
il eft permis à tout le monde d'avoir fon fyftème, je
hafarderai mes conjectures fur l'aurore boréale qu'on
appelle ainfi à caufe de fa reffemblance avec l'aurore
pour la clarté, & qu'on nomme plus communément
aujourd'hui lumiere feptentrionale, parce qu'elle fe
fait remarquer dans la partie du nord ou du fepten-
trion. 1°. Je crois que la matiere de l'aurore boréale
eft la même que celle des éclairs que les expériences

Caufe de l'au-
rore boréale.

(a) M. Bernier, tome V. page 155.
   Grég. de Tours, hift. de l'académie 1721.
   Journal des favans 1724, page 568.
   Calvifius, recueil d'obfervations, par MM. de l'acad. des fciences.
   Abrégé de Gaffendi, tome V. page 245.
   31e vol. des tranfactions philofophiques, de la fociété royale de
      Londres.
   Mémoires littéraires de la grande Bretagne.
   Mémoires de Trévoux 1730, page 905.

ont démontré n'être autre que le feu électrique.
2°. Que le mouvement journalier de la terre forme
un flux continuel de cette matiere vers les pôles ; ce
qui fait que ce météore se montre vers les régions
polaires. 3°. Qu'il faut une certaine densité, disposi-
tion & constitution de l'air pour rapprocher, rassem-
bler & presser les particules ignées, au point que leur
fermentation produise ces gerbes, ces fusées & ces
colonnes lumineuses qui caractérisent l'aurore boréale. 4°. Que tous les mouvemens rapides, les variations latérales, les apparitions subites des colonnes &c. proviennent de leur attraction & répulsion
mutuelle & alternative ; ce qui est une propriété naturelle du feu électrique, comme le prouvent l'attraction & la répulsion alternative des feuilles d'or & des
autres corps légers par des globes électriques. 5°. Que
si ce météore ne paroît que rarement, c'est parce que
l'air a rarement la densité propre, & la constitution
requise pour le produire.

Les plus célèbres Philosophes ont été long-tems
dans l'opinion que l'élément du feu étoit répandu
daus tous les êtres, & que les corps solides & fluides
étoient abondamment imprégnés de particules ignées.
Je crois que l'œther de *Newton*, le feu élémentaire
pur de *Boerhaave*, & le feu électrique sont une même
substance, dont les effets différens varient selon le
degré de force, selon la puissance, l'impulsion, l'agi-

tation, la direction, & la quantité des matieres assemblées ; c'est ainsi que l'impulsion du soleil sur cette substance produit le double bienfait de la lumiere & de la chaleur. C'est ainsi que le frottement d'un globe de verre en réunit une certaine quantité qui, ménagée & dirigée avec ordre , produit les différens phénomenes de l'électricité. C'est ainsi que le choc prompt & violent de deux corps durs donne des étincelles, & que le long frottement de deux corps quelconques excite & fait naître du feu élémentaire en assez grande quantité pour qu'il embrase & consume toute matiere combustible exposée à son activité.

Tonnerre. Lorsqu'une grande quantité de particules de feu est accumulée dans des nuages condensés qui les compriment & les rapprochent, alors les particules de feu venant à s'entrechoquer s'excitent , étincellent, s'allument , & rompent avec fracas la prison qui les resseroit. C'est le trait de l'éclair, & la voix du tonnerre , & si l'on voit l'éclair avant d'entendre le tonnerre , c'est que les vibrations qui partent de la matiere ignée ont plus de rapidité que les ondulations de l'air qui nous apportent le son.

Feux folets. Quand les nuages ont moins de densité, qu'ils parcourent plus légérement & plus librement l'espace , qu'ils ne renferment qu'une petite quantité de particules de feu, alors si elles se réunissent & se choquent, elles s'allument sans bruit ; elles produisent ces éclairs filentieux, & ces feux follets qui brillent un inftant comme des étoiles (a), & rendent les foirées d'été fi agréables & fi éclatantes. Lorfque l'atmofphere n'eft point trop chargée de nuages, & qu'ils n'ont que la denfité néceffaire pour foutenir & promener les particules de feu dans leur fphere mutuelle d'attraction, fans les retenir, fans les accumuler & fans les comprimer, alors il n'y a point d'explofion; mais les particules du feu s'enflamment dans l'air libre, & felon les différentes figures, la différente confiftance de la matiere inflammable, & les divers réfractions de la lumiere, on voit fous diverfes couleurs les globes, les pyramides, les rayons, les gerbes, & les colonnes de feu que l'on nomme aurore boreale ou lumiere feptentrionale. L'identité de la matiere des éclairs & de celle de l'électricité qu'on a découvert depuis peu, & dont les effets refpectifs font bien différens, autorife beaucoup cette hypotèfe, que la lumiere du foleil, les éclairs, les phénomenes électriques, les opérations du feu commun, ne font que différens effets caufés par la même fubftance différemment agitée, difpofée, modifiée & circonftanciée. Ces aurores boreales font d'une grande reffource pour les habitans des régions polaires. Il femble que

Aurore boréale.

(a) Sepe etiam ftellas cœlo impendente videbis.
  Precipites cœlo labi, noctifque per umbras.
  Flammarum longos à tergo albefcere tractus.

Virg. Georg. lib. I. v. 365.

la nature veuille les dédommager de l'abfence du foleil & de la perte de la lumiere.

Le 2 feptembre ayant gouverné depuis 24 heures
au fud-oueft, les vents variables du fud-eft au nord par
grains, j'obfervai à midi 58 degrés 2 minntes de latitude, & je m'eftimois par 17 degrés 10 minutes de
longitude occidentale. J'étois trop oueft pour avoir
connoiffance de l'ifle Rokol, qui ne peut être vûe que
de quatre ou cinq lieues. Ne voyant point cette ifle,
je conjecturai que mon point étoit bon, car fi j'avois
été dix lieues plus eft que je n'étois, j'aurois vû
Rokol, & fi au contraire j'avois été dix lieues plus
oueft que mon eftime, j'aurois eû en paffant connoiffance de l'ifle d'Iflande.

Le 3, le 4, le 5 & le 6 les vents varierent & foufflerent
alternativement de la partie du fud & de la partie de
l'oueft, très-gros frais & la mer mâle. Lorfqu'ils fou-
floient de l'oueft je prenois la bordée du fud, & lorfqu'ils
paffoient au fud je prenois celle de l'oueft pour me mettre à portée de profiter des vents d'oueft & de fud-oueft.
Le 6 à midi les vents fauterent de l'oueft au nord-oueft
dans un grain. J'obfervai 51 degrés 10 minutes de
latitude, & mon eftime me mettoit par 16 degrés 52
minutes de longitude. Après avoir pris hauteur je fis
gouverner au fud-quart-fud-oueft, pour me mettre
Brafil. avant la nuit dans le fud des roches nommées *Brafil*,
que les cartes hollandoifes placent par 52 degrés de
latitude, & celles de M. Bellin par 51 degrés. A. 6

heures, les vents toûjours nord-oueft, gros frais, ayant coupé la latitude de *Brafil*, je fis gouverner au fud-fud - eft, & je pris fucceffivement un peu plus de l'eft à mefure que je gagnois au fud.

Le 7 à midi j'obfervai 48 degrés 50 minutes de hauteur polaire, & l'ifle d'Oueffant me reftoit à l'eft 4 degrés fud, diftance de 78 lieues.

Le 8 à huit heures du matin, ayant toûjours gouverné à l'eft-fud-eft depuis la hauteur, les vents de la partie de l'oueft, bon frais, je mis le cap au fud-eft-quart - d'eft, parce que les vents tomberent au fud-oueft, qu'ils pouvoient venir au fud, & qu'il falloit fe défier des courans de la Manche, c'eft-à-dire des flots qui font plus forts que les jufans : j'avois fondé à quatre heures du matin, j'avois trouvé 100 braffes d'eau fond de fable rougeâtre & morceaux brifés de divers coquillages brillans. J'obfervai à midi 48 degrés 21 minutes de latitude, & l'ifle d'Oueffant me reftoit à l'eft 4 degrés nord, diftance de 27 lieues. Je continuai à gouverner au fud-eft quart-eft jufqu'à 4 heures & demie que je fis fonder. Je trouvai 90 braffes d'eau fond de fable moins rougeâtre, & des morceaux de coquilles moins brifés que dans la fonde du matin. Cette fonde & l'eftime me mettoient dans l'oueft-quart-fud-oueft d'Oueffant, diftance de 18 à 20 lieues. A cinq heures, les vents toûjours au fud - oueft, gros frais, avec de la brume, je fis prendre les ris dans les huniers, & je mis le cap au oueft - nord - oueft. A fept heures les vents vinrent à l'oueſt, le tems ſe radoucit, & le ciel s'éclaircit. Je mis le cap au nord pour me tenir de bout à la marée qui alloit de juſant ſuivant mon eſtime, & à dix heures je revirai au ſud-ſud-oueſt pour préſenter la proue au flot. A l'ouvert de l'Iroiſe les marées courent ſud-oueſt & nord-eſt.

Le 9, à deux heures du matin je ſondai, & ayant trouvé même braſſiage & même fond, je fis gouverner à l'eſt-quart-ſud-eſt, les vents au oueſt-nord-oueſt, très-frais, la mer belle, mais le tems couvert, & l'horiſon borné par des grains de pluie que les vents faiſoient paſſer devant nous. A midi j'eus connoiſſance de l'iſle d'Oueſſant qui reſtoit au nord-eſt, diſtance de 5 lieues; il y avoit une heure de flot, je forçai de voiles pour profiter de la marée, & je mouillai dans la rade de Breſt à cinq heures.

Ainſi s'eſt terminée cette premiere Campagne, dans laquelle j'ai fait entrer quelques obſervations de mon ſecond Voyage; mais comme il ne m'a pas été poſſible de les placer toutes, je les joins ici en forme de ſupplément aux quatre parties qu'on vient de lire.

SUPPLÉMENT

SUPPLEMENT

AUX QUATRE PARTIES DE LA RELATION

D'UN VOYAGE DANS LA MER DU NORD.

Contenant le retour en Islande, le passage entre les isles aux Oiseaux, une description abrégée du Groënland, la description du port de Brandsoom en Norvege, des remarques sur les sondes, & la navigation du Dogre-banc, la relâche au port d'Ostende, des notes sur l'entrée de ce port & celui de Dunkerque, enfin le retour à Brest par la Manche.

Aussitôt que la frégate la Folle fut désarmée, je partis pour aller rendre compte de ma mission à M. le duc de Praslin. Ce ministre me dit qu'il falloit me disposer à faire au printems le même voyage. Je lui demandai par préférence à une frégate la Corvette l'Hyrondelle de seize canons de six, & armée de cent vingt hommes d'équipage, parce que les qualités de ce bâtiment le rendoient plus propre qu'un autre aux opérations que je me proposois de faire. Je me rendis à Brest à la fin d'avril pour commencer mon armement.

Le 10 mai j'étois en rade, & je n'attendois que le vent favorable pour mettre à la voile. M. le duc de

Y

Praflin eut la bonté de m'accorder les deux premiers
officiers de mon état-major de la frégate la Folle ;
M^rs. Duchatel & le chevalier Ferron, deux fujets pleins
de zèle & de talens ; M. le chevalier Bernard de Ma-
rigny officier d'un mérite diftingué, donna des preuves de fon zèle en fe joignant à nous. Il venoit de
commander un bâtiment du Roi , & les fatigues
d'une nouvelle campagne très-dure ne le rebuterent
point. J'eus pour quatrieme officier M. Soyer de Vau-
couleur, capitaine de Brulot, qui a commandé plufieurs Corfaires, & qui a la meilleure volonté.

Départ de
Breft. Je partis de Breft le 15 de mai 1768 , par un vent
d'eft foible ; mon intention étoit de paffer par le canal
S. Georges, mais les vents qui vinrent au nord, bon
frais, & foufflerent plufieurs jours de cette partie , dé-
truifirent mon projet : je paffai à l'oueft d'Irlande ;
comme dans mon premier voyage ; je ferrai cependant
un peu plus la côte, à caufe des bancs & hauts fonds
dont j'ai parlé.

Il ne nous arriva rien d'intéreffant jufqu'au 27 à huit
heures du foir. Les vents étoient de la partie de l'oueft
frais, la mer groffe ; nous gouvernions au nord ; nous
apperçûmes devant nous un lit de marée très marqué
par des goëmons & des écumes ; nous nous trouvâmes
bientôt au milieu, & la mer mâle par-tout ailleurs ,
étoit à l'endroit où nous étions unie comme dans un
étang ; on voyoit feulement la furface de la mer frémir
& bouillonner , & le courant nous portoit avec rapi-

dité au vent, c'eſt-à-dire à l'oueſt. Je fis promptement mettre en panne & ſonder; nous n'eûmes point de fond, mais je ſuis perſuadé que nous étions dans le voiſinage de quelques roches, d'autant plus que mon eſtime me mettoit alors entre l'iſle de Rokol & les iſles de S. Kildas : il y a mouillage par 18 braſſes d'eau au ſud-eſt, corrigé de la plus grande des iſles de S. Kildas, & il y a paſſage entre la même & celle qui eſt dans le nord-quart-nord-eſt. En cas de beſoin on peut auſſi mouiller dans ce canal par 26 braſſes d'eau fond de gravier & cailloux.

Iſles de Sainte Kildas.

Le 31, faiſant route au nord pour attaquer la terre, le cap Heckla me reſtant par eſtime au nord-oueſt, corrigé diſtance de 20 lieues, nous fûmes aſſaillis d'un coup de vent furieux de la partie de l'eſt, avec une brume épaiſſe. Comme le tems n'étoit point propre pour aller chercher la terre, & que j'avois beaucoup de chemin à faire à l'oueſt, je pris le parti de courir vent-arriere le cap au oueſt-nord-oueſt, & nord-oueſt-quart-d'oueſt, en attendant que le tems ſe radoucît & que le ciel s'éclaircît. Mon intention étoit, ſuppoſé que le tems ne changeât point, de mettre à la cape le bord au large, lorſque je me trouverois par la longitude eſtimée des iſles aux Oiſeaux.

Le premier de Juin le vent tomba vers le ſoir, mais la brume étoit toûjours épaiſſe, ce qui me fit continuer la même route à petites voiles.

Le 2 au matin, le ciel étant un peu éclairci, le

vent toûjours de la partie de l'eft, je fis gouverner au nord-eft-quart-de-nord pour tacher d'avoir connoiffance de terre. J'obfervai à midi 63 degrés 20 minutes de latitude, & je continuai à faire la même route ; enfin à deux heures après midi nous découvrîmes les ifles aux Oifeaux. Je relevai celle qui eft la plus proche de terre, au nord-eft-quart-d'eft, diftance de 4 lieues ; & une autre à l'oueft de la premiere qui reftoit au nord-oueft. Je continuai à courir quelque tems au nord-eft-quart de nord pour m'approcher de la côte, enfuite j'arrivai au nord-quart-nord-eft pour donner dans les ifles, & paffer entre la premiere & la feconde du côté de la terre ferme. Il y a deux bonnes lieues de diftance entre ces deux ifles. J'ai trouvé dans ce paffage des lits & des ras ou remoux de marée qui faifoient un bruit affreux. La direction ou le cours des marées eft nord-oueft & fud-eft corrigé. Au nord des deux ifles, au milieu defquelles je faifois route, j'apperçus le paffage entre la terre & la premiere ifle ; il me parut avoir une petite lieue de largeur ; il ne faut y donner qu'avec un vent frais & favorable à caufe des courans. Un peu plus nord que les deux mêmes ifles j'eus connoiffance de trois autres ifles au large, qui me parurent être dans l'oueft-quart-nord-oueft des premieres. Toutes ces ifles ne font autres chofes que des rochers efcarpés & inacceffibles. J'ai tiré la vûe des deux entre lefquelles j'ai paffé. Voyez planche XI. Je continuai ma route au nord-quart-nord-eft pour aller cher-

Vûe du Mont Jeugel restant au Sud distance de 12 Lieues.

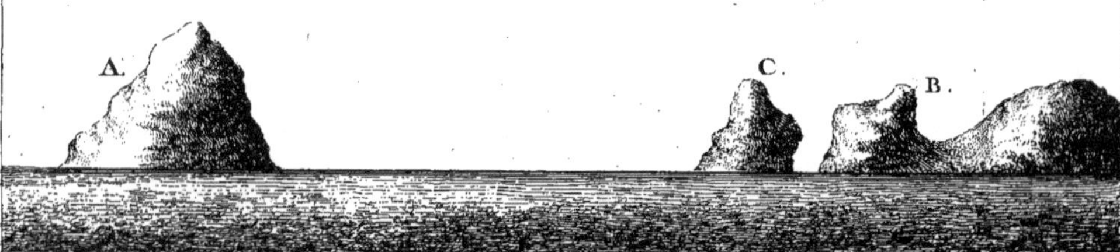

Vue de l'Isle aux Oiseaux A, restant au N.O. distance de 2 Lieues et de la Pointe du S.O. d'Islande B restant au N.N.O. distance de 3 Lieues. L'Isle A est a 2½ Lieues de la Terre. C premiere Isle aux Oiseaux.

cher le mont Jeugle, & me rendre enfuite fous la pointe de Bredervick, où tous les pêcheurs étoient raffemblés.

Le 4 je mouillai à Patrixfiord, où je reftai quelques jours pour donner aux bâtimens françois tous les fecours dont ils avoient befoin. Je ne parle pas ici des relevemens du mouillage ni de rien de ce qui peut le concerner, en ayant déjà fait mention. Après avoir paffé huit jours à Patrix-fiord, je me difpofai à partir pour aller à Bergues en Norvége prendre un mois de vivres; mais avant de quitter la partie occidentale d'Iflande, il eft à propos de dire quelque chofe du Groenland, la terre la plus voifine d'Iflande.

Nous n'avons du Groenland que des connoiffances imparfaites. Quelques Géographes l'ont regardé jufqu'à préfent comme une ifle, d'autres le regardent comme une péninfule. Ce pays fut découvert par le nommé *Gunbiorn*, & plus particulierement reconnu en 982 par *Eric*, furnommé *la Tête Rouge*, qui y paffa d'Iflande. Les paturages verds qu'il y trouva lui firent donner à cette terre le nom de *Groenland*, qui fignifie terre verte. Il y vit des Sauvages qui fans doute y avoient paffé de l'Amérique, mais fur l'origine defquels il n'y a rien de certain. Le Roi de Norvége inftruit de cette découverte, y fit paffer une Colonie & des Miffionnaires. Les Groenlandois fe révolterent en 1256, contre le roi Magnus; mais ce prince affifté des Danois les remit fous fa puiffance en 1261. La pefte

Defcription du Groenland.

noire qui ravagea tout le nord interrompit la navigation du Groenland, & pendant plus de deux fiecles
ce pays fut entierement oublié. Martin Frobisher fortit
des ports de l'Angleterre en 1576 pour tenter de
connoître le Groënland, mais les glaces ne lui per-
mirent d'y aborder qu'en 1577. Il donna fon nom
à un détroit fous le 63ᵉ degré de latitude. En 1585,
Jean Davis alla plus nord, & donna auffi fon nom
au détroit qu'il découvrit. Chriftian IV. y envoya en
1605 trois vaiffeaux qui établirent un commerce avec
les Groënlandois, & en ramenerent cinq à Copenhague, qui y moururent de chagrin d'être expatriés;
il y renvoya cinq vaiffeaux l'année fuivante, & en
1616, ce prince fit partir le capitaine Munck avec
deux vaiffeaux pour la baie de Hudfon, afin de chercher un paffage par le nord-oueft. C'eft le capitaine
Munck qui donna le nom de Farewell (qui en anglois
veut dire *Adieu*) au cap qui forme la pointe méridionale du Groënland. En 1636, des négocians de
Copenhague envoyerent deux vaiffeaux au détroit
de Davis, qui commercerent avec les Groënlandois,
& rapporterent beaucoup de poudre d'or. On ne fait
pour quelle raifon ce commerce fut encore aban-
donné par les Danois jufqu'en 1718 qu'un prêtre
plein de zèle obtint du Roi de paffer avec toute fa famille en Groënland. Il fe nommoit Egede, & tous les
Groënlandois auxquels il prêchoit l'Evangile avoient
pour lui la plus grande vénération. En 1731, le roi

de Dannemarck fit revenir tous les sujets qu'il avoit en Groënland. Egede seul y resta avec sa famille. Le Roi y renvoya en 1734, & aujourd'hui le commerce du Groënland se fait par la Compagnie générale de Copenhague, qui y envoie tous les ans trois vaisseaux.

Les côtes du Groënland sont d'un difficile accès, à cause des écueils & des glaces qui l'environnent. On prétend même que le détroit de Forbisher est aujourd'hui si rempli de glace, qu'on doute qu'il ait existé. La partie orientale du Groënland, qui est à l'opposite d'Islande, est tout-à-fait inaccessible par les glaçons qui viennent du côté de Spitzbergues, & qui bouchent même le passage qui est entre l'Islande & le Groënland, lequel a environ trente-cinq lieues de largeur : c'est ce qu'on a vu en 1766 ; les bâtimens pêcheurs (on l'a déja dit) ne purent jamais doubler le cap de nord.

Le climat du Groënland est froid, & le tems y est très-inconstant & variable. Dans les vallées, le terrein consiste en marais & en terre de tourbes, & les montagnes qui sont des rochers escarpés, sont couvertes de neige & de glaces : on n'y trouve pas plus d'arbres qu'en Islande. Il y a en Groënland plusieurs montagnes d'amiante. On y trouve des lievres blancs très-petits, & des rennes, mais qui n'ont point de rapport avec les rennes des Lapons. Les renards y sont gris, blancs & bleus ; on y voit des ours, mais qui ne reſſemblent point aux ours des autres pays, ils ont plus de ſoupleſſe & de légereté. On n'y voit d'autres oiſeaux terreſtres que celui que les Iſlandois nomment *riper*, qui ſe niche dans les plus hauts rochers ; mais il y a, comme en Iſlande, beaucoup d'oiſeaux aquatiques. Les rivieres ſont pleines de truites & de ſaumons, & l'on pêche ſur les côtes beaucoup de poiſſons & de baleines.

Les Groënlandois ſont petits de taille, gros & gras. Ils ont tous des cheveux noirs, & le viſage rouge & brun ; ils ſont ſujets aux rhumes de cerveau, au ſcorbut, aux maux des yeux & aux maladies de poitrine. Ils ne connoiſſent ni médecins, ni chirurgiens ; ils ont des prêtres qui leur tiennent lieu de devins, de philoſophes & de médecins, pour leſquels ils ont beaucoup de reſpect, & qu'ils interrogent ſouvent. La langue des Groënlandois a beaucoup de rapport avec celle des Eſquimaux, qui habitent dans l'Amérique ſeptentrionale. Leurs habits ſont faits de plumes d'oiſeaux, de peaux de rennes & de loups marins couſus avec des boyaux. Les Groënlandois ont des cabanes pour l'hiver & des tentes pour l'été ; leurs cabanes ſont comme celles des pauvres Iſlandois ; les tentes pour l'été ſont faites de peaux de loups marins. Les Groënlandois ne font qu'un repas ; c'eſt le ſoir. Ils ſe nourriſſent de lievres, de chevreuils, de chiens marins, de différens oiſeaux & de poiſſons ; ils ne boivent que de l'eau. Il ne faut chercher ni arts,

ni

ni fciences chez les Groënlandois ; leur commerce confifte en lard, en barbes de baleines, en cornes de licornes,
en peaux de chevreuil , de rennes, de chiens marins &
de renards. Ils achetent en échange des meubles , des
toiles, & autres chofes néceffaires. Ces peuples ont une
efpece de religion , ils reconnoiffent un Etre fuprême.
Ils croient que les ames des morts montent au ciel, &
y vont à la chaffe, & que les corps reftent pourrir en
terre. Les femmes font enterrées vivantes, lorfqu'on
voit qu'elles ne fauroient vivre long-tems.

Voilà ce qu'il y a de plus intéreffant de l'hiftoire ,
& des mœurs des Groënlandois, il me refte à parler
de la conftruction de leurs bateaux de pêche & de
leur façon de pêcher ou de naviger. La chaffe & la
pêche font toute l'occupation des Groënlandois. Ils
pêchent dans les lacs, les rivieres & les ruiffeaux ;
mais la principale pêche fe fait en mer, où ils prennent des baleines , des licornes, des chiens marins,
des morues & autres poiffons qui abondent fur leurs
côtes. Leurs hameçons étoient autrefois d'os , mais
ils en ont aujourd'hui de fer que les Danois leur apportent. Leurs filets font faits avec de petites lames
minces de barbes de baleines , & ils font des éperviers avec des nerfs de daims tricotés. Le harpon,
dont ils fe fervent pour percer les baleines , eft garni
d'une pointe d'os crochue, ou d'une pierre pointue.
Quelques - uns ont auffi des harpons de fer, qu'ils
achetent des Danois pour de l'huile ou de la graiffe.

Z

Comme ces pauvres gens ont peu de bois & de fer, ils ont la précaution d'attacher au milieu de chaque harpon qu'ils jettent, une veſſie de chien de mer pleine d'air, afin que ſi le harpon n'atteint pas le poiſſon ou qu'il s'en détache, il puiſſe flotter ſur l'eau & ne ſoit point perdu. Ils attachent auſſi au bout des har-pons des veſſies ou balons pour empêcher le poiſſon qui eſt percé de plonger : cette ruſe étoit connue des pêcheurs de l'océan atlantique, car Opien, dans ſon Halieuticon, en fait mention, liv. V. v. 177. « Ils » lâchent, dit-il, d'abord après le poiſſon qui ſe » plonge les gros ſacs ſoufflés par les hommes avec » leur haleine & attachés à une corde ». Les fleches dont les Groënlandois ſe ſervent, ſont également ar-mées d'os ou de pierres pointues, & ils s'exercent à tirer l'arc dès leur plus tendre enfance. Les habitans de l'iſle nouvelle, où M. de Bougainville vient d'a-border dernierement dans la mer du ſud, n'ayant point de fer, ſe ſervent auſſi d'os pour garnir leurs fleches, d'écailles ou coquillages pour faire des coû-teaux, & de pierres tranchantes pour couper des ar-bres ; ces exemples prouvent que la néceſſité eſt la mere de l'induſtrie, & que cette induſtrie eſt par-tout la même. Les canots ou bateaux dans leſquels s'em-barquent les Groënlandois pour la pêche, ſont faits de quelques perches de bois liées par des traver-ſes attachées de diſtance en diſtance avec des la-mes minces de barbes de baleines. Ils ſont garnis, doublés, ou revêtus de peaux de chiens marins, bien cousues avec des nerfs au-lieu de fil, & les coutures sont bien graissées pour que l'eau ne pénetre point. Ces canots sont de différentes grandeurs. Il y en a qui peuvent porter vingt personnes, armes & bagages, & une bonne quantité de poisson ou de graisse de baleine. Ces canots ont une voile faite de boyaux de baleine fendus, séchés & cousus les uns à côté des autres. Les historiens nous apprennent que cette façon de naviguer étoit commune à tous les peuples qu'on a découverts. Scheffer en cite plusieurs preuves dans son ouvrage *De militiâ navali veterum*. On peut aussi consulter le *Musæum reg. Danicum*, & les auteurs que M. *Hafæus* rapporte dans sa dissertation *De Leviathan Jobi*. J'ai dit que les Groënlandois n'a-voient ni arts ni sciences. En effet ils ne savent compter que jusqu'à vingt-un. Ils supputent par les lunes. C'est par le cours de cette planete qu'ils calculent le retour des baleines & autres poissons sur leur côte.

Le 15 de juin, j'appareillai de Patrixfiord pour al-ler en Norvege ; c'est dans cette traversée que je sondai, & que je fis sur les isles de Schettland & les Orcades, les diverses observations dont j'ai fait part au lecteur. Je passai au sud de l'isle Fairehil, dans le petit entonnoir, & je dirigeai ensuite ma route vers les côtes de Norvege.

Le premier juillet au matin j'eus connoissance de

Attérage en Norvege.

Z ij

terre. Je pris hauteur à midi à 5 lieues dans le nord corrigé des roches ou isles que l'on nomme *Utsires*, & je trouvai que ces isles sont placées trop sud de 15 minutes sur le Neptune. On trouve sur les *Utsires* des pilotes pour les lits de Bergues. Je n'entrerai dans aucun autre détail sur l'attérage de cette côte. J'ai dit là-dessus tout ce qu'il est nécessaire de savoir. A deux heures après midi me trouvant à 3 lieues environ de terre, il me vint des pilotes norvégiens qui me firent louvoyer pour gagner la passe de Rooth-Holm (*a*). Mais le vent qui souffloit foiblement de la partie du nord tomba tout-à-fait le soir, & nous eûmes calme toute la nuit.

Le 2, à trois heures du matin, le vent s'éleva de la partie du nord-est foible, avec une brume épaisse ; nous louvoyâmes sous la terre, nous tenant toûjours à une lieue de la côte, & à dix heures le tems étant éclairci nous donnâmes dans ladite passe de Rooth-Holm, où j'avois donné l'année précédente ; mais au lieu de nous enfoncer jusqu'à Ingeson, comme nous avions fait dans notre premier voyage, nous mouillâmes au port de Brandsoom qui est à l'ouest d'Ingeson. Ce mouillage est bien meilleur que celui d'Ingeson ; il est plus grand, & l'entrée en est plus facile. On connoît l'entrée de Brandsoom à une isle qui est comme un pâté à l'ouverture du port & qui est très-saine. Trois vaisseaux de guerre y peuvent mouiller en sûreté, la mer y est toûjours belle, & l'on n'y sent pas le vent. Ce

___

(*a*) La passe de Rootholm ou de Solmenfiord.

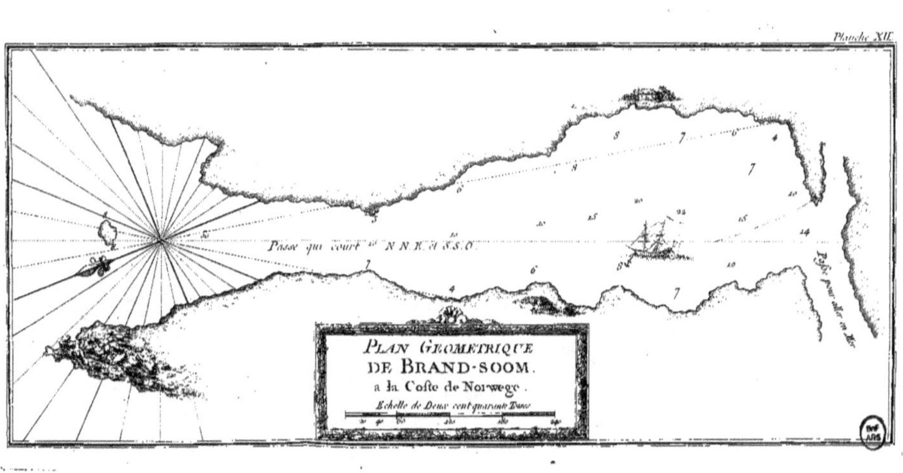

Planche XII.
Passe qui court al N.N.E. à S.S.O.
PLAN GEOMETRIQUE
DE BRAND-SOOM.
a la Coste de Norwege.
Echelle de Deux cent quarante Toises
Isle pour Mer en Mer

port ou ce baffin eft à ftribord en paffant par le nord
de Bomel; on y entre avec des vents depuis le nord-
oueft jufqu'à l'eft. J'en ai levé le plan géométrique.
Voyez planche XII. On mouille une ancre par 15 à   Planche XII.
20 braffes d'eau fond de gravier, & l'on envoye à
terre une petite ancre avec un grelin de l'arriere au
fud de la premiere.

Le 3 les vents étant au fud frais avec de la pluie &
le ciel couvert, j'appareillai à deux heures après midi
de Brandfoom pour monter à Bergues. Après avoir
fait 3 ou 4 lieues il vint du calme, & nous fûmes obligés de nous faire remorquer par tous nos bâtimens à
rames pour gagner un mouillage.

Le 4 au matin le vent s'étant levé de la partie du
fud-fud-oueft foible, je mis fous voile, & je mouillai
à Bergues à deux heures après midi dans le même endroit où étoit la frégate la Folle. Après avoir pris les
vivres & les rafraichiffemens dont j'avois befoin je partis
de Bergues le 24 juillet, & je fortis par la paffe du nord
comme l'année précédente, pour aller en iflande.

Le 30 au foir m'eftimant à 12 lieues dans le fud-eft   Attérage d'If-
de Langernes, les vents au nord avec de la brume,   lande.
je fis fonder; mais je ne trouvai point le fond, & je
mis en panne. J'ordonnai aux officiers de quart de
fonder toutes les deux heures pendant la brume, & de
faire route au oueft-nord-oueft fi elle fe diffipoit affez
pour donner trois lieues d'horifon.

Le 31 à 5 heures du matin nous vîmes la terre. Je

continuai à courir pour m'en approcher, mais le vent
souffloit foiblement de la partie du nord. A midi j'obfervai la hauteur du pôle que je trouvai de 66 degrés
26 minutes, & je tirai une vûe de terre très - remarquable. Voyez planche X, fig. 20. Nous vîmes après
midi plufieurs dogres ou bâtimens de pêche, & tous
ceux à qui je parlai me dirent qu'il n'y avoit rien de
nouveau dans la flotte. Nous eûmes 7 à 8 jours de
beau tems que j'employai à fonder & à faire des relevemens.

Le 10 août voyant apparence de mauvais tems je
m'éloignai de la côte.

Le 12 & le 13 nous effuyâmes un coup de vent de
fud-oueft ; la mer étoit terrible. Je reftai toûjours à la
cape à la grande voile avec le petit focq, & fous cette
voilnre mon bâtiment fe comporta parfaitement. Depuis le 13 nous eûmes toûjours des vents variables &
de la brume ; enfin le 19 voyant que le tems ne s'é-
claircifloit pas, & que la faifon étoit avancée, je fis
route pour aller reconnoître les ifles de Schettland,
je pris hauteur fur ces ifles & j'en tirai une vûe. Voyez
planche X, fig. 21 & 22.

Le 24 étant à 15 lieues par eftime dans l'eft-nord-
eft de Boquenefs je fis fonder, & je trouvai 80 braffes
d'eau fond de vafe. Je courus 4 lieues au oueft-nord-
oueft, & fis donner un fecond coup de plomb ; je trouvai 70 braffes d'eau fond de fable vafard. Je continuai
au même air de vent, & m'eftimant à 4 lieues dans

Planche X.
p. 152.

Planche X.
fig. 21 & 22.
p. 159.

Cap Boquen-
nefs.

l'eſt du milieu du cap Boqueneſs, je n'en eus aucune connoiſſance; je ſondai, & je trouvai 50 braſſes
d'eau fond de ſable fin mêlé de vaſe; alors je fis gouverner au ſud-quart-ſud-eſt pour aller chercher le *Dogre
Banc*, les vents au nord très-frais. Comme l'horiſon
étoit éclairé, que le cap Boqueneſs eſt très-haut, &
que j'avois parlé à des pêcheurs de harangs qui m'a-
voient dit qu'ils étoient à 12 lieues de terre, je ſuis
étonné de n'avoir point vû le cap Boqueneſs, & j'ai
lieu de croire qu'il eſt plus nord qu'il n'eſt marqué ſur
la carte françoiſe. Cette carte le place par 57 degrés
32 minutes de latitude, mais la carte hollandoiſe le
met par 57 degrés 58 minutes. A la pointe de Boqueneſs eſt un petit banc que les Hollandois nomment *Vatterburg*, qui ſignifie *queüe de Rat*, à cauſe de
ſa figure. On trouve 3 braſſes d'eau ſur ce banc de
baſſe mer: il y a un paſſage d'une lieue entre ce banc
& la terre. Au ſud de Boquenneſs on voit une iſle &
pluſieurs roches, & à terre de ces roches on peut
mouiller par 10 braſſes d'eau à l'abri de tous les vents
de la partie du nord. Les courans portent au ſud le
long de ces côtes.

Le 26 à midi j'eus la ſonde des Accords du *Dogre
Banc*, & depuis cet inſtant je ne ceſſai de ſonder juſqu'aux bancs d'Oſtende. Comme le détail des différentes routes que j'ai faites en ſondant ſeroit long &
ennuyeux, j'indiquerai ſeulement les ſondes & leurs
points de latitude & de longitude.

TABLE des sondes, depuis l'extrémité du Nord-Ouest du Dogre banc jusqu'aux bancs d'Ostende.

Brasses.	Qualités du fond.	Latitude. deg.	min.	Long. mér. de P. occident.	min.
26	Sable gris, taché de noir, ...	55	9	00	59
21	même fond, ...	55	3	00	55
20	même fond, ...	54	59	00	52
18	cailloux & petites pierres de diverses couleurs, . .	54	56	00	50
14	même fond, ...	54	53	..	47
15	même fond, ...	54	50	..	39
18	même fond, ...	54	53	..	34
18	même fond, ...	54	54	..	19
18	même fond, ...	54	48	..	21
17	même fond, ...	54	44	..	14
15	même fond, ...	54	39	..	7
15	même fond, ...	54	35	orient.	2
14	sable fin & petites coquilles, ...	54	33	ori.	6
12	sable fin, ...	54	31	..	9
18	même fond & extrémité du Dogre banc, ...	54	30	..	18
26	sable fin blanc & coquilles, ...	54	20	..	33
28	gros sable & petits cailloux, ...	54	7	..	41
24	même fond, ...	53	54	..	40
31	sable vasard, ...	53	50	..	40
22	même fond, ...	53	47	..	39
20	même fond, ...	53	35	..	32
18	sable fin rouge, taché de noir, ...	53	17	..	23
25	même fond, ...	53	10	..	21
20	même fond, ...	53	7	..	21
17	sable fin blanc (*banc blanc*), ...	53	5	..	20
22	même fond, ...	53	0	..	18
28	sable fin gris, ...	52	46	..	15
25	sable rouge & gris, ...	52	26	..	46
17	même fond, ...	52	14	..	47
19	sable fin, ...	52	10	..	40
20	sable & petits graviers, ...	51	50	..	28

Variation observée, 19 deg.

Je

Je traverſai le Dogre - Banc & les bancs qui ſont au ſud de ce premier, en prenant d'heure en heure les ſondes dont on vient de voir la table. Les vaiſſeaux qui ſont dans le cas de paſſer le Dogre-Banc, doivent prendre, autant qu'il eſt poſſible, par le milieu du banc; car dans la partie de l'eſt les courans ſont violens & portent dans le Catégat ou la mer de Dannemarck, & dans la partie de l'oueſt il n'y a que 8 ou 9 braſſes d'eau; ce qui occaſionne ſouvent des coups de mer d'autant plus dangereux, que le fond eſt de gros gravier & petits cailloux. Au ſud du milieu du Dogre-Banc on trouve 25 & 30 braſſes d'eau fond de ſable vaſard. A 10 lieues au ſud du milieu du Dogre-Banc eſt le *Witte-Water* ou le *Banc-Blanc*; le fond eſt de ſable blanc, & il y a 16 à 17 braſſes d'eau. A 5 lieues à l'eſt de ce banc on trouve le banc de *Welle* dont le fond eſt de pierres; il y a ſur ce banc 18 braſſes d'eau. A l'oueſt de ce banc, le fond qui eſt de ſable jaune & de gravier noir augmente juſqu'à 22 braſſes d'eau. Un peu plus bas ſont les bancs de Lemmon très - dangereux, il n'y a de baſſe mer ſur ces bancs qu'une braſſe ou 5 pieds d'eau. Il s'y perd tous les ans bien des bâtimens. Le milieu de Lemmon eſt à environ 7 lieues dans le nord-nord - eſt corrigé d'Yarmouth. Il faut auſſi prendre garde aux bancs d'Yarmourth. On voit par tout ce que je viens de dire que la partie de l'oueſt du Dogre-Banc eſt très - périlleuſe. On mouille ſur le Dogre-Banc de calme pour étaler des marées. Les batteaux

A a

pêcheurs de Dunkerque, qui font des bâtimens pontés d'environ 35 tonneaux, y mouillent en tout tems ; ils mettent 300 braffes de cable dehors, & effuyent fouvent de furieux coups de vents à l'ancre. Il en périt quelquefois par un accident : le voici. Les bâtimens par le mouvement du tangage courent fur leur cable, viennent enfuite en travers, & lorfque le cable paffe fous la quille les bâtimens font quelques fois renverfés.

Le 28 août à trois heures du matin ayant fondé & trouvé 24 braffes d'eau fond de fable, & étant en dedans des premiers bancs de Flandres, je mouillai une petite ancre pour étaler la marée. A 6 heures les vents à l'eft-fud-eft frais, je mis fous voile & je fis route au fud-fud-oueft. A 9 heures j'eus connoiffance des tours d'Oftende, qui reftoient au fud - quart - fud - oueft diftance de 5 lieues. Je continuai à courir au fud - fud-oueft, parce que le flot porte à l'eft avec force. A midi les tours me reftoient au fud à deux tiers de lieue. Je tirai trois coups de canon pour appeller les pilotes qui tarderent à venir à bord, & à midi & demi je donnai entre les jettées. La marée commençoit à fortir du port, ce qui me mit dans le cas de me perdre fur un banc qui eft à ftribord en entrant en dedans des jettées. Heureufement il fe trouva une chaloupe du port qui porta promptement une amarre fur les pilots de la jettée de l'eft ou de bas-bord en entrant.. Lorfqu'on vient de la partie du nord pour prendre connoiffance des terres d'Oftende on voit d'abord deux tours, dont la plus

groſſe qui a une fleche eſt celle de la Paroiſſe. L'autre
qui eſt terminée par une gallerie, eſt celle de l'horloge
ou de la maiſon de ville. Pour approcher la terre il
faut mettre les deux tours l'une par l'autre, juſqu'à
prendre connoiſſance de la Bouée qui eſt à l'extrémité
occidentale de la traverſe, ſur laquelle il y a un petit
pavillon rouge qu'on laiſſe à bas-bord; l'on gouverne
enſuite ſur la jettée de l'eſt qui eſt la plus ſaine, & qu'il
faut ranger ſoit en entrant ſoit en ſortant. On paſſe de
pleine mer ſur le Stroom & ſur la traverſe. La mer monte de 18 pieds ſur ces deux bancs. Un pilote entretenu a
ſoin moyennant un petit pavillon bleu qu'il met à mi-ma-
rée, de faire connoître que les petits bâtimens peuvent
entrer. Il met un autre grand pavillon bleu dans lequel
on voit un aigle, pour avertir les gros bâtimens qu'ils
peuvent donner dans le port. Si l'on ne met point de pa-
villons, c'eſt une marque qu'il n'y a pas aſſez d'eau; dans
ce cas, s'il eſt pleine mer, il faut prendre le parti de revirer au large ou de mouiller; on peut mouiller en
rade ou à terre du Stroom, & dans l'oueſt-nord-oueſt
de la traverſe par 6 à 7 braſſes d'eau fond de ſable. La
mer monte à Oſtende dans les nouvelles ou pleines
lunes de 19 pieds, & de 14 pieds dans les mortes eaux.
Il reſte de baſſe mer ſur le Stroom 6 à 7 pieds d'eau.
La marque pour l'éviter eſt de tenir les deux tours ou-
vertes de la largeur apparente de la plus groſſe des
deux tours qu'il faut laiſſer à l'eſt. A la pointe orientale dudit banc il reſte 3 braſſes d'eau. Il ne reſte que

3 pieds d'eau fur la barre ou la traverfe, & même 2 pieds un peu à l'eft de la jettée au bout des pieux ou pilots. Enfin pour entrer à Oftende il faut faire attention à l'heure de la marée, qui eft dans le port de 12 heures dans les nouvelles & pleines lunes, & de trois heures fur les bancs qui font au large. Il faut encore faire attention que le flot porte avec rapidité dans l'eft - nord - eft, c'eft pourquoi l'on doit gouverner un peu en dedans de la jettée de l'eft, & manœuvrer felon les vents. L'entrée du port ou des jettées eft fud-fud. eft & nord - nord - oueft ; mais après avoir dépaffé le banc qui eft à ftribord en entrant, le port fait un coude & court au fud-fud-oueft. Si l'on eft obligé d'entrer fans pilote dans le port, & fi le vent eft fort il faut être prêt à mouiller l'ancre de bas-bord auffitôt qu'on a dépaffé le banc qui eft à l'entrée du port & qu'on a mis le cap au fud-fud-oueft ; car fi l'on ne mouilloit pas on feroit emporté par le courant fur les vafes au fond du port. Le port d'Oftende eft très - commode pour tout bâtiment au - deffous de quarante canons ; mais il fe comble tous les jours, fur-tout depuis qu'on a fait une digue pour empêcher l'inondation du Polder Ste. Catherine, qui eft d'environ 2500 arpens de terre aujourd'hui bien cultivés. On peut faire dans ce terrein autrefois inondé, le plus beau baffin de l'univers en formant une éclufe dans le milieu de la digue faite il y a 30 ans pour s'oppofer à l'inondation. Les Oftendois pourront nétoyer & creufer leur port au-

tant qu'ils voudront, par le moyen des eaux qu'ils peuvent mettre à la marée montante dans le *Sandfort*. A l'égard du banc, qui eft en dedans les jettées à ftribord en entrant, il eft facile de le détruire en faifant un épi fur la jettée de l'eft pour changer la direction des chaffes par un angle de réflexion égale à celui d'incidence; les eaux de la belle éclufe de Schlick, quoique très-éloignée & très-mal placée, fuffifent pour enlever ce banc. Si l'on avoit placé cette éclufe plus près du port marchand à l'entrée du canal de Bruges, on auroit réuni fa défenfe & fon utilité, au lieu qu'en l'endroit où elle eft elle fait peu d'effet pour curer le port, & qu'il eft difficile de la protéger contre l'ennemi. La ville d'Oftende eft petite, mais très-jolie; elle s'eft rendue célèbre durant les guerres des Pays-Bas : Oftende tire fans doute fon nom de fa fituation; car comme elle eft à l'extrémité de la Flandres du côté de l'eft on la nomme *Oftende*, tirée de ces deux mots *oft* qui fignifie *eft*, & *end* qui fignifie *fin*, c'eft-à-dire *fin du côté de l'eft*. Oftende s'eft fur-tout illuftrée par le fiége qu'elle foutint en 1601, contre l'Archiduc. Ce fiége, qui dura trois ans, commença au mois de juillet 1601, & la ville ne capitula qu'au mois de feptembre 1604. Il périt pendant le fiége quinze Colonels, fept Maréchaux de camp, cinq cens foixante-cinq Capitaines, trois cens vingt-deux Portes-enfeignes, quatre mille neuf cens onze Sergens, onze cens foixante-fix Lieutenans, neuf mille cent foixante-

Etymologie
d'Oftende.

Anecdotes
fur Oftende.

six Caporaux, six cens dix Anspassades, cinquante-quatre mille trois cens soixante-six Soldats, six mille onze Matelots, onze cens quatre-ving-seize femmes ou enfans, ce qui fait plus de soixante-dix-huit mille personnes. Ostende n'a commencé à être fortifié qu'en 1572. C'étoit cependant une ville connue plusieurs siécles auparavant, car on voit dans la grande chronique de Flandres que Robert de Frise dixiéme Comte de Flandres, mourut en 1093, après avoir gouverné 22 ans, & bâti trente Eglises dédiées à S. Pierre, dont la première fut élevée à Ostende. L'abrégé de la chronique de Flandres (a) fait aussi mention d'Ostende en parlant de Philipes Elsaten seizieme comte de Flandres qui mourut en 1191, & qui fit pendre & exposer sur des noués de long de la côte depuis Blankemberg jusqu'à Ostende, quatre-vingt Gentilshommes normands qui s'étoient emparés de quelques navires appartenans à la princesse de Portugal sa femme. Du tems de Philipes Elsaten on trouva sur la côte près d'Ostende un monstre marin qui avoit 40 pieds de longeur & 8 grosses pattes. Jacques Marchantiers dans sa description de Flandres livre premier page 79, dit en parlant de ce monstre, *Rostro aquilino, cristâ gladiatâ*; l'expression de *cristâ gladiatâ* me feroit juger que cet animal étoit un Espadon, peut-être d'une espéce particuliere.

Départ d'Ostende. Après avoir fait réparer à Ostende le bâtiment du

____

(a) Chronique abrégée, chap. xxiij. p. 30 & 31.

Roi & rafraichi l'équipage, je me difpofai le 12 de feptembre à continuer ma route pour Breft.

Le 13 à midi les vents à l'eft, bon frais, le tems fombre, je fortis du port en rangeant la jettée de l'eft. Quand nous fûmes en dehors des jettées nous mîmes le cap à l'oueft, pour paffer au-fud de la bouée qui eft à l'extrémité du banc devant le port. Après avoir dépaffé cette bouée nous gouvernâmes du oueft-nord-oueft au oueft-fud-oueft, côtoyant la côte à trois quart de lieues de diftance jufques devant Nieuport, que nous arrondîmes en nous écartant un peu plus de terre. A 4 heures nous mîmes le cap au fud pour éviter la pointe de l'eft du Brac, & gagner l'entrée de la rade de Dunkerque du côté de l'eft. Lorfqu'étant au large du brac du côté de l'eft, on veut approcher la terre pour gagner le chenal, on doit mettre la tour de Sainte Catherine par les deux tours de Bergues, en tenant cependant celle de Bergues un peu à l'eft de celles de Sainte Catherine, qui eft la feule tour qui foit fur la côte en cet endroit. Connoiffant par la fonde ou l'augmentation de l'eau, que nous avions paffé la pointe de l'eft du brac, & que nous étions dans le chenal de l'entrée de la rade, nous gouvernâmes au nord-oueft & nord-quart-oueft fous le petit hunier pour aller chercher notre mouillage. A quatre heures & demie nous laiffâmes tomber l'ancre par 7 braffes d'eau fond de fable vafard, & nous affourchâmes eft & oueft même fond & même braffiage. Etant affourché je re-

Mouillage à Dunkerque.

levai le risban au sud quart-sud-ouest, & la tour de Dun-kerque au sud. Je ne dois point oublier de dire que pour aller d'Ostende à Dunkerque il y a un chenal plus facile & plus sûr que celui que nous fîmes, sur-tout pour un bâtiment comme l'Hirondelle ; il ne s'agit que de ranger la côte à un quart de lieue de distance, & d'avoir soin d'arrondir le banc qui est à l'entrée de Nieuport. La rade de Dunkerque est bonne parce qu'il y a peu d'eau (*a*) & que la tenue est forte. Cette rade peut contenir la plus grande armée navale ; elle n'est fermée que par un banc de sable nommé le Brac, sur lequel il ne reste qu'une brasse d'eau à basse mer, & qui asseche même en plusieurs endroits. Les vents les plus à craindre dans cette rade sont ceux depuis le ouest-nord-ouest jusqu'au nord-est. La mer y est souvent très-grosse, sur-tout quand le vent souffle du ouest-nord-ouest, parce que la lame entre par la passe de l'ouest. Ce vent est le plus propre à faire chasser les ancres & rompre les cables, sur-tout à la marée montante, parce que les vaisseaux ont à soutenir en même-tems & l'effort du vent & l'impulsion du flux.

Remarques sur la rade de Dunkerque.

Dunkerque est célebre par son antiquité , par son port & par ses révolutions. Environ soixante ans avant l'ere chrétienne, les peuples qui habitoient les côtes de la mer où est située Dunkerque s'appelloient *Diabintes*. Ce nom qui est latinisé tire son origine de la langue teutonique, dans laquelle il s'écrit ainsi ,

Extrait de l'histoire de Dunkerque.

(*a*) On mouille par six , sept , huit & neuf brasses d'eau.

Die

Die Hap-Inden, & fignifie *Navigantes in portu fecuris formæ*, ou *ceux qui naviguent dans le port fait en forme de hache*. Les *Morins* étoient leurs voifins, c'eft-à-dire ceux de Boulogne, Calais, Saint-Omer, Thérouane, & Aire; & ceux de Bergues, Honfcotte, Furne, Dix-mude & Nieuxport fe nommoient *Menapiens*. Ces trois peuples joints aux *Nerviens*, leurs alliés, allerent au-devant de *Céfar* quand il conquit les Gaules, & lui livrerent bataille fur les bords de la Sambre; elle refta long-tems indécife, & *Céfar* ne la gagna que par un fecours confidérable qu'il reçut pendant ce combat, malgré cela il perdit tant de monde, qu'il ne put fubju-guer ces peuples que les années fuivantes qu'il leur livra une feconde bataille où ils furent défaits; ils fe réfugie-rent dans les bois, & s'y défendirent courageufement pendant deux ans avant d'être fubjugués; Céfar s'en étant rendu maître, leur laiffa pour gouverneur Corvi-nius. Les Romains conftruifirent plufieurs forterefles, entr'autres celle de Caffel à fix lieues de Dunkerque dans les terres, où réfidoit le gouverneur des Pays-Bas. Le village de Mardyck, dont on fit une très-bonne for-terefle dans la fuite, eft fitué à une lieue & demie ou environ à l'oueft de Dunkerque, il a donné le nom à plufieurs camps & batailles; c'étoit autrefois le cé-lèbre *Portus iccius*, dont Céfar parle dans fes Commen-taires qui en a même retenu le nom, comme qui di-roit *la mer Diccium*, ou *mare Dick* felon quelques au-teurs, le fieur Chiffler en a donné une carte & une description assez ample : il dit que la plus grande partie de ce pays étoit du tems de César couverte de bois , & inondée dans d'autres endroits , & qu'il n'y avoit que quelques digues ou chemins élevés au-dessus des marais qui conduisoient aux ports de mer. Celui Dick ou *Diccium* étoit le plus considérable , & s'appelloit le port ultérieur ou extérieur ; la mer s'étendoit alors jusqu'à un bourg nommé *Cithieu*, qui étoit le port intérieur ou citérieur, d'où s'est formé *Cithieu*. Ce bourg s'est appellé ensuite S. Omer, du nom d'un évêque de Thérouane qui y fit bâtir une église & plusieurs maisons pour établir quelques pauvres de son Diocèse , & les faire vivre par le commerce de ce port. Après sa mort les reliques de ce saint ayant été transportées à Cithieu, on a donné son nom à l'Eglise & à la Ville qui fut bâtie dans la suite.

Saint Victricius , évêque de Rouen , fut le premier qui vint prêcher sur les côtes de Dunkerque la Religion chrétienne en 396. Les derniers Romains furent chassés par Méroüe, qui soumit cette province à la domination françoise en 450. S. Eloi vint y prêcher la foi en 646, & y fit quelque séjour, ce qui attira grand nombre de prosélites; il y fit bâtir une église assez grande dans les Dunes , où quantité de pêcheurs & pauvres gens étoient établis depuis long-tems. Cet endroit fut bientôt fréquenté des Chrétiens des environs ; on donna le nom de Dunkerque à cette église, & à la ville qui se forma par la suite dans cet endroit. Le mot *Kerke* en langue teutonne, d'où dérive la flamande, signifie *temple* ou *église*. On appella ce lieu d'un nom composé de ces deux mots, *Dune* & *Kerke*, & par abréviation on a dit *Dunkerque*.

Les Pays-Bas furent long-tems gouvernés par des Forestiers établis par des Rois de France. Baudouin en 864, étoit Forestier de Flandres ou des Pays-bas; ayant enlevé & épousé Judith fille de Charles le Chauve, qui lui pardonna cet enlevement & ce mariage, il devint le premier Comte de Flandres; le Roi voulut bien en sa faveur ériger ce pays en Comté sous l'hommage de la France. Le nombre des habitans de Dunkerque augmentant tous les jours par la commodité d'un port naturel, Baudouin III. fit entourer ce lieu d'une muraille en 906, pour mettre ses habitans à couvert des incursions des brigands. Ils s'attacherent au commerce, à la pêche, & travaillerent à l'embellissement & aux commodités du port. Philippe d'Alsace y fit construire plusieurs vaisseaux de guerre pour passer dans la terre sainte. En 1170, des pirates normands, la plûpart gentilshommes, interrompirent leur commerce en arrêtant leurs vaisseaux dans la Manche; ils arrêterent & même dépouillerent la Princesse de Portugal qui s'étoit embarquée pour venir épouser le Comte Philippes en Flandres. Ce dernier fit un gros armement à Dunkerque qu'il envoya en course contre eux. Cette flotte fut assez heureuse pour les prendre tous & les conduire

B b ij

à Dunkerque, où ils furent condamnés à mort comme je l'ai dit en parlant d'Oftende. Cette défaite attira la bienveillance du Souverain fur les Dunkerquois, auxquels il accorda plufieurs priviléges & exemptions. En 1232, Dunkerque ayant été vendue à Godefroi de Condé, évêque de Cambrai, à condition de retourner au comte de Flandres après fa mort ; il fit beaucoup élargir & approfondir le port, & fit faire deux jettées affez avant dans la mer.

Dunkerque fut féparé du comté de Flandres, & érigé en feigneurie particuliere par Robert de Bethune en faveur de Robert de Caffel fon fils, qui embellit la ville par un château, & y établit le magiftrat. Il fonda trois confrairies d'arbaleftriers, de tireurs d'arcs & d'arquebufiers, pour exercer les bourgeois, & les perfectionner dans l'ufage des armes ; étant mort fans garçon, fa fille unique Jolande époufa un duc de Bar. Cette alliance donna les premieres armes de Dunkerque.

En 1382, les Gantois s'étant révoltés contre leur fouverain, appellerent à leur fecours les Anglois, & s'emparerent de la ville de Dunkerque ; mais Charles VI, roi de France, la reprit en la même année, & la rendit à fon feigneur.

En 1403, on rétablit les murailles & fortifications endommagées par ces fieges, & l'on approfondit beaucoup les foffés.

En 1436, les Anglois prirent Dunkerque.

En 1440, on bâtit une églife au pied de la tour élevée peu de tems auparavant, pour fervir de fare, & de clocher pour la paroiffe.

Entre plufieurs grands hommes que cette ville a produits, on trouve un *Nicolas Vandehelle*, grand théologien, quatre fois recteur-magnifique de l'univerfité de Louvain, un *Corneille Schepper*, grand philofophe & bon politique, qui, fous François premier, fut à Paris profeffeur de Philofophie & de Mathématique. Il fut choifi par Charles V. pour ménager fes intérêts avec la plus grande partie des princes de l'Europe, & fut nommé deux fois ambaffadeur vers le fultan Soliman; il étoit fort eftimé de tous les favans.

La pêche ayant toujours fait le principal commerce de la ville. On comptoit en 1532 jufqu'à cinq cens buffes ou navires de cinquante à foixante tonneaux deftinés à la pêche dans le Nord; chacun de ces pêcheurs, parmi les filets que l'on jettoit à la mer, en avoit un appellé le filet faint; tout le poiffon qui s'y prenoit étoit vendu au profit de l'églife; de ce profit on rebâtit en 1560 l'églife qui avoit été brûlée en 1558.

Dans la guerre qu'eut la France en 1558 contre l'Efpagne & l'Angleterre, le maréchal de Termes, avec dix-fept mille hommes, vint faire le fiege de Dunkerque. Il n'y avoit pour-lors dans cette place que quatre cens hommes de garnifon; elle fut prife d'affaut &

pillée, quantité de bourgeois y furent massacrés. Bergues subit le même sort ; le pillage fait dans ces villes & aux environs étoit si prodigieux, que dans le
camp des François on y donnoit une vache pour deux
ou trois sols. L'on y vendit trente-huit bêtes à cornes pour un écu d'or. On avoit même brisé les clo-
ches pour en emporter les morceaux ; les ennemis de
la France ayant rassemblé une armée dans les environs de Saint-Omer pour venir attaquer les François,
le maréchal de Termes voulant se retirer, fit mettre
le feu dans plusieurs endroits de la ville, pour ache-
ver de détruire ce qui avoit échappé à la rage de ses
soldats ; l'église, les couvents & presque toute la ville
furent consumés par les flammes, ainsi que plusieurs navires chargés de butin que les vents contraires avoient retenus dans le port. Après ces horreurs,
il se mit en marche pour réjoindre le gros de son
armée, mais le comte d'Egmont, général des Espa-
gnols survint avec quinze mille hommes de troupes, & quantité de paysans qui taillerent en pieces le
maréchal de Termes, & le firent même prisonnier avec
les principaux de son armée.

En 1583, la ville de Dunkerque fut prise par les
confédérés, & reprise la même année par le duc de
Parme, qui fit réparer considérablement le port, & y
fit construire plusieurs vaisseaux de guerre, entr'autres
quatorze commandés par le vice-amiral de Wacken,
qui fit beaucoup de prises sur les Hollandois ; l'année

fuivante, les armateurs foutenus de ces vaiffeaux firent auffi quantité de prifes qu'ils faifoient entrer dans
le port, quoiqu'il fût bloqué par une efcadre hollandoife. Charles Dauwere & fon fils Jean étoient les chefs
de ces flottes d'armateurs; ils étoient tous deux intré-
pides & très-habiles dans la manœuvre, ce qui fit retirer l'efcadre des Hollandois qui coutoit beaucoup fans
donner aucun profit. Ce fut vers ce tems qu'arriva
dans la Manche l'armée navale (a) des Efpagnols,
nommée l'*Invincible*, qu'une tempête difperfa; plufieurs navires périrent en mer, d'autres fe perdirent
fur les côtes de France & d'Angleterre, & les triftes
débris de cette flotte furent conduits heureufement
en Efpagne par l'habileté du capitaine Michel Jacobs,
Dunkerquois, excellent marin; cependant les Dunkerquois ne ceffoient d'armer en courfe, & de faire des
prifes très confidérables fur les Hollandois & les Zé-
landois. Ces richeffes attirerent à Dunkerque un grand
nombre de matelots étrangers; les Hollandois en re-
doublerent d'ardeur pour bloquer le port de Dunkerque en y envoyant jufqu'à cent bâtimens, ce qui n'em-
pêcha pas les corfaires de fortir à la faveur de la nuit
ou de la légereté de leurs bâtimens, & d'aller faire des

(a) Cette armée navale étoit compofée de cent cinquante gros vaiffeaux,
fans compter les petits bâtimens. Elle étoit deftinée à conquérir l'Angleterre.
Elle étoit commandée par le duc de Medina Sidonia. La reine d'Angleterre
engagea les pierreries de fa couronne, pour l'armement d'une flotte fous les
ordres de l'amiral Houvard & du fameux François Drac en 1588.

prifes dans le Nord. Ils attaquerent même un gros vaiſſeau de guerre commandé par le vice-amiral Anthoniſen, mais qui n'étoit pas alors ſur ſon vaiſſeau. En l'abſence du vice-amiral, le commandant ſe voyant deſemparé, la moitié de ſon équipage hors de combat, & les ennemis déja dans ſon bord, mit le feu aux poudres, & ſauta en l'air en endommageant beaucoup les Dunkerquois. On fortifia la ville par de nouveaux ouvrages, & l'on continua heureuſement la courſe. En 1595, un ſeul armateur amena dans le port de Dunkerque juſqu'à trente maîtres de buſſes, & d'autres navires, qu'il s'étoit contenté de rançonner pour plus de 200000 livres, ſomme prodigieuſe pour ce ſiecle; un autre armateur, Daniel de Koſter, revenant à Dunkerque, après avoir rançonné pluſieurs bâtimens, fut entouré par la flotte hollandoiſe; il ſe battit en déſeſpéré, & mit pluſieurs navires hollandois hors de combat; enfin preſſé de toute part, il mit le feu à la Sainte-Barbe, & ſauta avec d'autres navires qui l'avoient abordé.

Le cardinal archiduc Albert d'Autriche, qui avoit remplacé le duc de Parme, voulant ſignaler ſon avénement au gouvernement des Pays-Bas, mit en 1596 le ſiege devant Calais qu'il emporta en peu de tems; cette acquiſition fut un avantage pour la courſe. Les Hollandois intéreſſés à l'empêcher, mirent quatorze gros vaiſſeaux à l'ancre devant Dunkerque, & neuf autres tenoient la mer pour intercepter les navires qui vouloient

ſoient y entrer. Calais fut rendu aux François par
le traité conclu en 1598 entre la France & l'Eſpa-
gne ; malgré l'eſcadre hollandoiſe, les priſes arri-
voient toujours heureuſement, & l'on ſe battoit avec
d'autant plus de courage, que les priſonniers qu'on ſe
faiſoit de part & d'autre étoient pendus.

En 1609 , il ſe fit une treve pour douze ans entre
les Eſpagnols & les Hollandois. A ſon expiration les
Armateurs joints à neuf vaiſſeaux eſpagnols ruinerent
le commerce des Hollandois.

En 1622 , on conſtruiſit la citadelle de Mardyck
pour mettre Dunkerque à couvert des inſultes des
ennemis. Dans cette année Jean Jacobſen de Dunkerque, capitaine de navires commandant le S. Vincent d'environ cent cinquante hommes d'équipage,
étant ſorti du port d'Oſtende avec deux autres bâtimens
de guerre commandés par deux Eſpagnols ; neuf vaiſſeaux de guerre hollandois, environ quatre heures
après ſa ſortie, environnerent & canonerent le S.
Vincent. Ses deux camarades ſe ſauverent. Jacobſen
ſoutint ſeul le combat pendant treize heures , coula
deux des vaiſſeaux ennemis à fond , & endommagea
beaucoup les autres ; mais réduit à trois ou quatre
hommes de ſon bord , le reſte ayant été tué ou bleſſé ,
& cinquante des ennemis s'étant jettés dans ſon navire, il mit le feu aux poudres, & ſauta avec eux ; le
fracas fut ſi terrible, qu'un des navires hollandois fut
démâté, & qu'un autre manqua de couler à fond par le

poids de quelques gros canons de bronze qui fauterent en l'air & tomberent fur fon pont ; tous les autres étoient dans un très-mauvais état. Plus de quatre cens hommes des ennemis périrent dans ce combat. Cette perte, loin de diminuer le courage des Dunkerquois, ne fit que les animer davantage pour venger leurs compatriotes. Les fieurs Wandewalle pere & fils équiperent dix-huit vaiffeaux, qui joints à d'autres firent plus de fix cens prifes, dont fix vaiffeaux de guerre de la premiere force ; des feules prifes faites par quatre des vaiffeaux de Wandewalle, le dixieme qui en revint au roi d'Efpagne montoit à plus de cent mille florins ; & malgré les efcadres des Hollandois qui bloquoient toûjours le port dans cette guerre, les Corfaires de cette ville ruinerent leur pêche & leur commerce. En 1626, le profit de la courfe fut évalué à plus de dix millions. En 1629, les Dunkerquois enleverent quatre-vingt-onze vaiffeaux richement chargés, fans compter les rançons & d'autres bâtimens qu'ils brulerent en Norvége & ailleurs.

Mathieu Rombout dunkerquois, vice-amiral des Efpagnols, combattit l'amiral Pierre Hein ; ce dernier perdit la vie. Il fut très-regretté des Hollandois. Ceux-ci fâchés de leurs pertes continuelles, après avoir privé de fes emplois le vice-amiral Drop qui commandoit devant Dunkerque, augmenterent leur flotte jufqu'à quatre-vingt vaiffeaux pour le bloquer entierement ; mais s'étant approché trop près du fort de Mardick, le canon fit fur cette armée un feu fi bien dirigé, qu'elle fut obligée de se retirer après avoir beaucoup souffert.

La guerre ayant été déclarée en 1635, entre la France & l'Espagne, les Dunkerquois enleverent d'un seul coup quatorze vaisseaux françois chargés de vin, & quelques jours après le capitaine Nortman en prit onze autres. L'amiral Colaert Dunkerquois, commandant dix-sept vaisseaux de guerre, brula près de cent cinquante busses hollandoises convoyées par une escadre, l'amiral fut lui-même brulé, & le vice-amiral fut conduit à Dunkerque. Une des prises les plus considérables fut celle de ce fameux pirate françois nommé le Loutre, monté de dix-huit pieces de canons, lequel avoit pris dix-sept navires qu'il avoit coulés à fond, & dont il avoit retiré les effets les plus précieux; on y trouva entr'autres dix-sept mille florins, six mille piastres, cent vingt-deux livres pésant d'argent en lingot, un coffre plein de vaisselle d'argent, & beaucoup de pierreries.

En 1636, ledit Colaert prit & conduisit à Dunkerque l'amiral hollandois *Haute-been* ou *Jambe-de-bois*. Ce Colaert a servi l'Espagne trente-six ans, a pris aux ennemis cent neuf navires & vingt-sept vaisseaux de guerre, & leur a enlevé plus de quinze cens pieces de canon dans différens combats; il fut blessé dix-sept fois assez dangereusement; il mourut à Dunkerque en 1637. Le grand nombre de prisonniers qu'on amenoit occasionna la peste dans cette ville; elle y fit périr grand nombre de personnes. La course favorifoit toûjours les Armateurs, malgré une efcadre que commandoit l'amiral Tromp pour bloquer le port. En 1640, on aggrandit l'enceinte de la baffe ville pour y loger la quantité d'habitans qu'elle ne pouvoit plus contenir, tant les armemens qu'on y faifoit attiroient de monde.

Ce fut en 1641, que Dom Pédro de Leon, gouverneur de Dunkerque, obligea le vice-amiral Mathieu Rombout de fortir du port avec fon efcadre pour aller au fecours des Efpagnols lors de la révolte du Portugal. Ce gouverneur, officier général des troupes de terre, ne connoiffoit pas la difficulté de paffer à travers l'efcadre fupérieure des ennemis, qui étoit entre Graveline & la Ville. Il ne voulut pas écouter les repréfentations de Rombout, qui forcé d'obéir, fut battu comme il l'avoit prédit, & tué dans ce combat après une réfiftance des plus opiniâtres. Une partie de fon efcadre fut prife, & l'autre mife en fuite. Sa mort fit autant de peine aux Efpagnols, que de plaifir à leurs ennemis dont il avoit été la terreur. Un defcendant en ligne directe de cet amiral Rombout a fait deux campagnes fous mes ordres en qualité de pilote.

En 1642, Jofeph Pieters, vice-amiral, fe trouvant avec cinq vaiffeaux & une barque longue dans la rade de Vivaros en Efpagne, y fut attaqué à onze heures du matin par vingt-quatre vaiffeaux françois & huit galeres, dont l'amiral françois de foixante-fix piéces de canon fut fi maltraité, qu'il fut obligé de fe retirer

Le combat ne cessa que par la nuit, pendant laquelle ce Dunkerquois se retira avec ses six bâtimens.

En 1645, les François attaquerent le fort Mardick, qui capitula après six semaines de siege. Mais le gouverneur de Dunkerque ayant assemblé tous les matelots & quelques troupes, le reprit pendant une nuit d'hiver. Il fut repris de nouveau par les François en 1646, après un siege de 21 jours. Celui de Dunkerque suivit immédiatement; le prince de Condé s'en rendit maître en moins d'un mois, quoiqu'il fût vigoureusement deffendu par le marquis de Lede, qui fut obligé de capituler ne pouvant être secouru ni par mer ni par terre; il sortit avec les honneurs militaires.

En 1652, pendant les guerres civiles de France, l'Archiduc Léopold le reprit, & en rendit le gouvernement au marquis de Lede qui l'avoit si bien défendu auparavant.

En 1656, les Anglois s'unirent aux François & aux Hollandois pour faire la guerre à l'Espagne. Les Dunkerquois joints aux Ostendois prirent une flotte entiere de quarante vaisseaux anglois, & peu de jours après trente-trois autres bâtimens.

En 1657, le maréchal de Turenne avec quelques troupes angloises prit le fort Mardick. Il le remit aux Anglois qui y envoyerent une flotte chargée de quantité de matériaux pour fortifier cette place, & la rendre, en quelque sorte, imprenable. Ils y mirent quinze cens hommes de garnison.

Fn 1658, le maréchal de Turenne inveſtit Dunkerque le Roi le joignit avec une puiſſante armée. Les Eſpagnols ſous la conduite de Dom Juan d'Autriche & du prince de Condé, tenterent de jetter du ſecours dans la place, mais ils perdirent la bataille des Dunes, & le marquis de Lede gouverneur de la ville, étant mort des bleſſures qu'il avoit reçus, la garniſon capitula le 25 juin après ſix ſemaines de ſiege. Le lendemain la garniſon eſpagnole ſortit, le Roi y entra le même jour au matin, & remit après midi cette place aux Anglois, aux conditions de laiſſer jouir cette ville de tous ſes privileges; ainſi dans moins d'un jour elle ſe vit ſucceſſivement ſous la domination de trois couronnes. Les Armateurs de Dunkerque & d'Oſtende avoient pris pendant la guerre plus de deux mille cinq cens vaiſſeaux. Les Anglois firent conſtruire une forte citadelle à la place du fort Léon, & fortifierent beaucoup la ville qui fut vendue aux François en 1662, pour une ſomme de cinq millions par la négociation du Comte Deſtrades. Le Roi y fit ſon entrée le 2 décembre, y maintint les privileges, & accorda une franchiſe pour tout ce qui entroit dans ce port ou en ſortoit. En 1665, on travailla à de nouvelles fortifications de même qu'à la citadelle. En 1680, on jetta les fondemens du fort Riſban, du fort Verd, & de celui de Bonne-eſpérance au bout des jettées, qui furent perfectionnées & prolongées très-avant dans la mer. Le Roi y vint ſouvent voir les travaux qui durerent dix à onze ans. Le baffin fut conftruit en 1686.

En 1688, la France foutint la guerre contre les Hollandois, les Anglois & les Efpagnols, pendant laquelle les Dunkerquois armerent confidérablement. En 1689, M. Bart chargé d'efcorter une flotte de quatorze vaiffeaux marchands pour aller au Havre, montoit une frégate de vingt-huit canons, & M. Forbin fous fes ordres une de feize, ils rencontrerent deux vaiffeaux anglois de quarante-huit & quarante-deux canons qu'ils combattirent affez long-tems pour donner le tems aux vaiffeaux marchands de fe rendre à leur deftination, mais bleffés tous deux, & ayant perdu cent quarante hommes de leur équipage & leurs bâtimens rafés de l'avant à l'arriere, ils furent pris. La perte des Anglois fut telle que le commandement de leurs vaiffeaux tomba à un contre-maître, tous les officiers ayant péri dans ce combat Les deux capitaines François s'évaderent des prifons d'Angleterre quelque-tems après. Le premier arma, & fit quantité de prifes fur les ennemis. Il détruifit totalement la pêche des Hollandois, & fit une defcente en Angleterre vers Neufchâtel avec fept frégates, y brûla deux cens maifons, & ramena à Dunkerque pour cinq cens mille livres de prifes. Quelques jours après, il fortit avec trois frégates, croifa dans le Nord, où il s'empara d'une flotte hollandoife efcortée par trois bâtimens de guerre, combattit ces derniers, en prit un, & fit prendre la fuite aux deux autres après les avoir fort maltraités. Il revint à Dunkerque avec toute la flotte chargée de bled, orge, fer & goudron, &c.

La France ayant fait acheter une grande provision de bled dans le Nord en 1694, M. Bart eut ordre d'aller chercher avec six frégates la flotte de cent & quelques voiles. Cette flotte partie sous l'escorte de trois vaisseaux Suédois & Danois, avoit été prise le 28 juin près le Texel par le contre-amiral de Frise *Hidde Vries*, commandant une escadre de huit vaisseaux de guerre ; mais le 29 juin, M. Bart ayant découvert cette flotte, attaqua les Hollandois avec tant de bravoure, qu'en moins d'une demi-heure il s'empara de l'amiral de cinquante-huit canons, d'un autre bâtiment de cinquante & d'un de trente-six ; les cinq autres furent fort maltraités, & se sauverent. Il reprit toute la flotte ; il conduisit à Dunkerque les trois bâtimens de guerre & trente navires : le reste de la flotte relâcha en divers ports de France. Le contre-amiral mourut de ses blessures peu après son arrivée. Ce service rendu à la France dans le tems d'une disette de bled extraordinaire, engagea le Roi à donner des lettres de noblesse à M. Bart, qui avoit été honoré de la croix de saint Louis quelque-tems avant pour d'autres exploits.

Le 11 août 1695, les ennemis, au nombre de cent quatorze voiles sous les ordres de l'amiral Barcklai, tenterent le bombardement de la ville ; ils y envoyerent

rent plusieurs brûlots chargés d'artifices pour brûler les forts & les jettées, mais ils furent repoussés par le feu bien servi des forts, & par la vigilance de M. Derlingue qui commandoit la marine, & sortit avec plusieurs chaloupes pour accrocher les brûlots chargés d'artifice, & lancés contre les forts & jettées, & pour les éloigner de leur direction en les remorquant dans des endroits où ils brûloient sans faire de mal. M. Bart commandoit au fort de Bonne-Espérance, M. de Sainte-Claire au Château-Verd. Les ennemis jetterent plus de mille deux cens bombes & quantité de carcasses, depuis huit heures du matin jusqu'à sept heures du soir, sans faire aucun dommage : dix bombes tomberent dans le Risban, elles y tuerent un officier ; une autre bombe qui tomba dans le fort Verd n'y fit que son trou ; une des frégates ennemies étant échouée sur un banc à marée-basse M. Derlingue y alla avec ses chaloupes, en fit l'équipage prisonnier, & y mit le feu malgré le canon des ennemis. Cette expédition couta beaucoup aux ennemis sans profit. L'année précédente ils avoient tenté la même entreprise.

En 1696, M. Bart sorti de Dunkerque, prit dans le Nord une flotte hollandoise de cent six voiles, dont il en rançonna soixante-une après avoir enlevé à l'abordage cinq vaisseaux de guerre qui l'escortoient. Il fut fait chef d'escadre en 1697. Il partit le 5 septembre 1697 avec six vaisseaux & une frégate, pour transporter le Prince de Conti en Pologne ; malgré

D d

une efcadre ennemie très-fupérieure qui ne pût l'en-
tamer , il arriva à Dantzig le 26 , & ramena ce prince
le 11 Novembre fuivant à Dunkerque , rien n'ayant
répondu aux efpérances que les Polonois avoient fait
concevoir à ce prince. Sur ces entrefaites , la paix fut
conclue à Rifwick ; pendant cette guerre , les armateurs de Dunkerque avoient fait pour plus de vingt-
deux millions de prifes fur les ennemis.

En 1701 , la guerre fe raluma ; on conftruifit le
Fort - Blanc. M. Bart ayant reçu les ordres d'armer
une efcadre , s'y appliqua avec tant d'activité , qu'une
pleuréfie le mit au tombeau le 27 avril 1702 , âgé de
cinquante-deux ans , généralement regretté. Son fils
André fuivit les traces de fon pere , fe diftingua fous
M. de Saint-Pol qui commandoit une efcadre dans
le Nord , & fous M. de Forbin , qui remplaça
M. de Saint-Pol , tué en 1705 dans un combat où les
vaiffeaux qu'il commandoit eurent tout l'avantage.
M. Bart , par fes fervices , parvint au grade de vice-
amiral.

En 1712 , la paix étant faite , on démolit les éclufes,
les forts & les fortifications de Dunkerque. Pendant
cette guerre , les Dunkerquois y amenerent mille fix
cens quatorze prifes , qui ont produit plus de trente
millions , fans compter celles qui ont été conduites en
d'autres ports de France.

En 1714 , on creufa le canal & le port de Mardick
pour donner l'écoulement aux eaux du pays. Ce port

eft à une demi-lieue de Dunkerque à l'oueft, du côté
de l'ancien Mardick. On y fit deux éclufes pour pouvoir y paffer des navires, mais en 1717 on détruifit la
grande, & on ne conferva que la petite de feize pieds
pour l'écoulement des eaux. Par ce canal qui abou-
tiffoit dans Dunkerque, l'on continua le commerce;
mais à grands frais, & malgré toutes les oppofitions
des Anglois. On avoit jetté un bâtardeau en travers du port, entre la ville & la citadelle; mais un
gros tems ayant pouffé avec violence les eaux de la
mer, il fe rompit la veille de l'an 1720, & fut emporté tout-à-coup. On commença à y naviguer, on
fit des forts & des jettées en fafcinage en 1744, &
l'on entoura la ville d'un rempart de gazon; mais les
forts furent démolis à la paix de 1748. Après cette
paix, on fit une cunette pour l'écoulement des eaux
des foffés de la ville qui s'y corrompoient. A la derniere guerre, on rétablit l'éclufe de Bergues, le baffin, & l'on conftruifit des forts en fafcinage au bord
de la mer; mais à la paix, on a démoli les forts, le
baffin & la cunette, laiffant fubfifter l'éclufe de Bergues pour l'écoulement des eaux.

Le 24 Septembre à neuf heures du matin ayant deux
tiers de flot, & les vents au fud-eft foibles, j'appareillai
de la rade de Dunkerque pour retourner à Breft par
la Manche. Nous gouvernâmes d'abord au oueft-
quart-nord-oueft & oueft-nord-oueft pour fortir de la
rade, qui fe termine à l'eft & à l'oueft par les pointes

Départ de
Dunkerque.

D d ij

du Brac. On connoît qu'on eſt à l'oueſt du Brac,
quand on a le clocher de petite Sainte par la baliſe
de Mardick, de même qu'on ſait qu'on eſt à l'eſt
du Brac, quand on a le clocher de ſainte Catherine par les tours de Bergues. Lorſqu'on eſt ſorti
de la rade par la paſſe de l'oueſt & qu'on veut donner dans le pas de Calais, il faut gouverner au oueſt-
nord-oueſt & nord-oueſt-quart-oueſt, pour éviter
le Snow, banc qui affeche, & qu'il faut laiſſer à bas-
bord, il ne faut pas non plus gouverner plus nord que
le nord-oueſt-quart-oueſt, de peur d'aller chercher le
breban, où il ne reſte que trois pieds d'eau à baſſe mer
en certains endroits ; mais on ne court aucun riſque
en gouvernant au oueſt-nord-oueſt & nord-oueſt quart-
oueſt. Vous connoiſſez que vous êtes en dehors, c'eſt-
à-dire, à l'oueſt de tous les bancs, lorſque vous avez
la tour de S. Georges qui eſt platte, par une petite
dune qui paroît comme une iſle, ou bien lorſque la
grande tour de Gravelines vous reſte au ſud-quart-ſud-
oueſt du compas. J'étois le 24 à midi dans cette poſition, le vent étoit foible, mais ayant le juſant je
faiſois du chemin. Les marées ſont de douze heures
à Dunkerque, de onze heures & demie à Calais, &
de trois heures dans le milieu du pas. De midi à ſix
heures je fis route à l'oueſt, toutes voiles dehors, les
vents toûjours de la partie du ſud-eſt foibles. A ſix
heures je relevai le cap Grines au ſud, 4 degrés oueſt
diſtance de trois lieues, & le château de Doüvres au

nord - nord - oueft , diftance de quatre lieues, d'où je pris mon point de départ, gouvernant au oueft-quart-fud-oueft & oueft-fud-oueft.

Le 25 au point du jour j'étois à cinq lieues de la côte d'Angleterre, & par mon eftime je devois en être à huit lieues; le flot que nous avions eu depuis fept heures jufqu'à minuit nous avoit fans doute jetté dans la partie du nord. A midi le cap *Beahey-head* (*a*) à la côte d'Angleterre me reftoit au nord du compas, diftance de quatre lieues & demie, & j'obfervai 19 degrés 52 minutes de variation. Depuis midi jufqu'à deux heures, les vents de la partie du fud-fud-oueft foibles, je gouvernai à l'oueft; à deux heures les vents ayant paffé à l'oueft, & la marée allant de jufant, je mis le cap au fud-fud-oueft. A fix heures je relevai le cap Beahey au nord-nord-eft, diftance de huit lieues. A fept heures ayant calme plat & flot, je mouillai une petite ancre par 26 braffes d'eau fond de graviers & coquilles brifées. Je fis enfuite jetter le lock, qui me fit connoître que la marée faifoit trois nœuds. A 11 heures les vents au fud-fud-oueft, je fis appareiller & gouverner à l'oueft.

Le 26 à midi je reconnus la pointe de Barfleur qui me reftoit au fud oueft-quart-oueft, diftance de fept lieues. J'obfervai 50 degrés de latitude, & j'étois par trois degrés 18 minutes de différence occidentale du

---

(*a*) Le cap Beahey fur la carte angloife eft le même que le cap Bevezier fur la carte françoife.

méridien de Paris. De midi à 5 heures, les vents au sud affez foibles, je gouvernai au ouest-quart-nord-ouest & au ouest-nord-ouest toutes voiles dehors. A 5 heures ayant commencement de flot, je mouillai une ancre à touer par 37 braffes d'eau, fond de petits cailloux & coquillages. Etant mouillé, le cap la Hague me reftoit au sud-sud-ouest 5 degrés ouest, diftance de six lieues. La marée faifoit cinq nœuds à fept heures & demie. A 8 heures mon ancre s'étant rompu par le milieu de la verge, j'appareillai toutes mes voiles en virant en même-tems mes grelins. Je gouvernai au ouest-quart-nord-ouest pour préfenter le cap au courant ; à 10 heures je gouvernai au ouest-nord ouest & nord-ouest-quart ouest pour ne point approcher les cafquets ; à minuit ayant bonne connoiffance des feux des cafquets, je gouvernai au ouest-nord-ouest ; à 4 heures je mis le cap au ouest-sud-ouest, & à 7 heures les vents au sud-est je fis gouverner au sud-ouest pour aller attaquer la côte de Bretagne. Le 27 à midi j'obfervai 49 degrés 30 minutes de latitude, & j'étois par 6 degrés 3 minutes de longitude. Le même jour j'obfervai au lever du foleil 19 degrés 45 minutes de variation. De midi à 4 heures je gouvernai au sud-ouest, les vents au sud-est frais, la mer belle. A 4 heures voyant la terre que je prolongeois par ma route, je tins le plus près pour la reconnoître avant la nuit. A 6 heures je relevai la plus groffe des fept ifles au sud-sud-est, diftance de quatre lieues ; je mis le cap à l'ouest, & j'y gouvernai toute la nuit à petites voiles.

Le 28 à cinq heures du matin je serrai la terre ; à sept heures j'étois nord & sud d'Abrévrack. Je continuai à filer le long de la côte, je donnai à neuf heures dans le Four, où trouvant les vents contraires je louvoyai jusqu'à onze heures que le flot me força de mouiller une petite ancre par 26 brasses d'eau fond de gravier, à une lieu dans le sud-sud-ouest de la roche qu'on nomme le Four. J'appareillai à cinq heures après midi, mais la nuit m'obligea de mouiller au Blanc Sablon.

Le 29 à sept heures du matin, les vents de la partie du sud foibles & variables, j'appareillai & passai en cajolant entre la grande & la petite Vinotierre. Je mouillai en la rade de Brest à six heures du soir, & le lendemain mon Bâtiment entra dans le port pour désarmer.

F I N.

E R R A T A.

Page 4, *ligne* 5, atterage, *lisez* ancrage. *page* 22, *ligne* 16, j'admets le vent pour la seconde de la formation de la glace, *lisez*, pour la seconde cause accidentelle de la formation de la glace. *page* 30, foin à fourrer, *lisez* foin de fourrer. *page* 44, *ligne* 6, verté, *lisez* vert. *page* 48, *ligne* 33, nutrisio, *lisez*, nutritio. *page* 98, *ligne* 15, de quelque condition & de religion qu'il soit, *lisez* de quelque condition & de quelque religion. *page* 100, *ligne* 14, presque pecheurs, *lisez* presque tous pecheurs. *page* 175, *ligne* 14, bouchent même le passage, *lisez* bouchent quelquefois le passage.

EXPLICATION

Des termes de Marine dans cette Relation.

A.

ACCORDS (*d'un banc*), ce font les bords ou les extrémités.

AFFOURCHER, c'eft arrêter un vaiffeau par deux ancres oppofées.

AMENER, c'eft baiffer quelque chofe.

ANCRAGE, c'eft un mouillage, ou un endroit où on peut jetter l'ancre.

ANSE, enfoncement d'un endroit de la côte.

APPAREILLER, c'eft lever les ancres & mettre à la voile.

ARRIMER, c'eft arranger avec ordre le left, les vivres, & la cargaifon d'un bâtiment.

ARRIVER, c'eft obéir au vent, en s'éloignant de la ligne du plus près.

ARRONDIR une roche, une pointe ; c'eft lui donner du tour.

ARTIMON, c'eft le mât de l'arriere.

ATTAQUER LA TERRE, c'eft s'en approcher pour la reconnoître.

ATTÉRER, c'eft s'approcher d'une terre, & la reconnoître en revenant d'un voyage.

B.

BALISE, c'eft un bâton ou une perche qui défigne un danger fous l'eau.

BANC, c'eft une élévation dans le fond de la mer.

BANQUISE, c'eft un amas de glaces moyennes & flottantes.

BARBE (*fainte*), c'eft le lieu où l'on garde les poudres.

BARRE, c'eft un banc de fable à l'entrée d'un port, fur lequel il y a moins d'eau que dans le port.

BAS-BORD, c'eft le côté gauche du vaiffeau en regardant l'avant.

BASSE, c'eft un danger à fleur d'eau.

BATURE, c'eft un danger fous l'eau.

BAIE.

Baie, c'est un grand enfoncement dans les terres.

Berne, mettre pavillon en berne ; c'est plier le pavillon & le hisser.

Bouée, c'est un bois ou tonneau flottant, qui indique l'endroit où l'ancre est mouillée.

Brasse, c'est une mesure de cinq pieds de roi.

Brisans, ce sont des rochers ou autres dangers sur lesquels la mer se brise.

Brulot, c'est un bâtiment chargé d'artifices.

Brume, brouillard épais.

C.

Cable, c'est un gros cordage qui retient le vaisseau par le moyen de l'ancre.

Cablure ou Encablure, c'est la longueur d'un cable ou de cent vingt brasses.

Cajoler, c'est faire route en travers par le moyen du courant ou de la marée.

Canot, c'est un bâtiment plus petit que la chaloupe.

Carener, c'est chauffer, calfater & enduire la partie du bâtiment qui doit être submergée.

Cargues, ce sont des cordages qui servent à serrer les voiles.

Chaloupe, c'est un petit bâtiment qui sert à porter le cable & l'ancre, & sert aux autres besoins d'un vaisseau.

Compas, Compas de route, c'est la boussole.

Corps-mort, c'est un point fixe à terre ou en mer, qui sert à amarrer un bâtiment.

Cotoyer, c'est faire route le long d'une côte.

Coup-de-mer, c'est une grosse vague qui se brise contre le bâtiment.

D.

Degradé, se dit d'un bâtiment que la force du vent a éloigné de terre.

Desaffourcher, c'est lever une des ancres.

Desemparé (être), c'est avoir ses voiles, ses manœuvres, ou ses mâts coupés par le canon.

Doubler une roche, une pointe, c'est la dépasser.

Drisse, c'est un cordage qui sert à hisser ou à élever.

E.

Echouer, c'eſt toucher & reſter en un endroit faute d'eau pour faire flotter le bâtiment.

Encablure, c'eſt la longueur d'un cable.

Établissement d'un port *ou* des marées dans un port, c'eſt l'heure à laquelle il eſt pleine-mer dans les nouvelles & pleines lunes.

Éviter, c'eſt préſenter la proue au vent ou à la marée.

F.

Faire de l'eau *ou* avoir une voie d'eau, c'eſt lorſque par vétuſté ou par accident l'eau pénetre dans le bâtiment.

Faire teste, ſe dit d'un bâtiment qui après avoir mouillé tourne la proue au vent ou à la marée.

Filer du cable, c'eſt en lâcher, en mettre dehors une plus grande longueur.

Flot, c'eſt le flux ou la marée montante.

Foch, voile triangulaire qui eſt en avant.

Fourrer, c'eſt garnir un cable de petits cordages ou de toile, pour qu'il ne s'endommage pas par le frottement.

G.

Garde-cote, c'eſt un bâtiment armé pour défendre les côtes & empêcher la contrebande.

Gissement *d'une terre*, c'eſt ſa ſituation.

Goulet, paſſage étroit entre deux terres.

Grain, c'eſt un vent pluvieux & momentané.

Grapins, ce ſont des crocs de fer.

Grelin, c'eſt un cordage moindre qu'un cable.

H.

Haut-fond, c'eſt une élévation du fond sur laquelle il n'y a pas aſſez d'eau pour faire flotter un navire.

Hisser, c'eſt hauſſer, élever quelque choſe.

Hunier, c'eſt la voile au-deſſus de la hune.

I.

Interlope, navire étranger qui fraude.

Jusant, c'est le reflux, ou la marée descendante.

L.

Lame, c'est la vague.

Latitude, c'est la quantité de degrés dont on est éloigné de la ligne équinoxiale.

Lit de marée, c'est la trace que fait le courant ou la marée sur la surface de la mer.

Lock *ou* Loch, c'est un instrument pour mesurer le chemin que fait un bâtiment.

Longitude, c'est la quantité de degrés dont on est éloigné d'un premier méridien.

Louvoyer, c'est aller au plus près sur les deux bords.

M.

Male (*mer mâle*), c'est une grosse mer.

Marier des grelins, c'est les joindre, ensorte qu'ils fassent force ensemble.

Marner, c'est le mouvement du flux & du reflux.

Mettre a la cape, c'est ne mettre de la voile que pour soutenir un bâtiment dans une tempête.

Mettre a l'autre bord, c'est virer de bord.

Mettre le cap, c'est présenter la proue vers un point.

Mouiller, c'est jetter l'ancre.

O.

Orienter, c'est disposer les voiles pour recevoir le vent.

P.

Panne (*mettre en panne*), c'est disposer en même-tems des voiles pour marcher & d'autres pour reculer, de façon que le bâtiment soit arrêté.

Passe, passage.

Pic (*être à pic*), c'est lorsque le cable d'un vaisseau mouillé est pour ainsi dire perpendiculaire.

Pilot *ou* Pilotis, pieux de bois enfoncés dans l'eau.

Poupe, c'est l'arriere du bâtiment.

Prendre les ris, c'est diminuer une certaine partie d'une voile.

Près, (*plus près*), c'est la ligne qui suit un bâtiment, qui tient ou serre le vent le plus qu'il peut.

PROUE, c'eſt l'avant.

R.

RAS DE MARÉE, ce font des bouillonnemens & tourbillons cauſés par des courans différens, ou par le voiſinage des roches.

RADE, endroit où un bâtiment peut mouiller.

RAFALLE, bouffée de vent ſubit & violent par repriſes.

RANGER UN ROCHER, c'eſt l'approcher par ſa route.

RECIF, danger ſous l'eau.

RELEVER, FAIRE UN RELEVEMENT, c'eſt voir à quel air de vent reſte une terre, une roche, &c.

REMOUX, *voyez* (Ras de marée.)

ROULIS, c'eſt le mouvement du bâtiment dans le ſens de ſa largeur.

S.

SAIN, SAINE, ſe dit d'un rocher, d'une côte dont l'approche n'eſt pas dangereuſe.

SEC, (*être à ſec*) c'eſt n'avoir point de voile.

SONDER, c'eſt voir combien il y a d'eau, ce qui ſe fait par le moyen d'une corde & d'un plomb.

STRIBORD, c'eſt le côté droit d'un vaiſſeau.

T.

TAILLE-MER, c'eſt la partie de l'avant qui coupe l'eau.

TANGAGE, c'eſt le mouvement du bâtiment dans le ſens de ſa longueur.

V.

VARIATION, c'eſt la déclinaiſon de l'éguille aimantée.

VENT-ARRIERE, (*avoir*), c'eſt avoir le vent en poupe.

VIRER DE BORD, c'eſt tourner le vaiſſeau pour changer de route.

Y.

YOLLE, petit canot léger.

F I N.

www.ingramcontent.com/pod-product-compliance
Lightning Source LLC
LaVergne TN
LVHW021642060726

842527LV00003B/766